COMO TRANSFORMAR-SE
NO HOMEM IDEAL

Dados Internacionais de Catalogação na Publicação (CIP)
(Câmara Brasileira do Livro, SP, Brasil)

Santos, Márcia
Como transformar-se no homem ideal. / Márcia Santos. — São Paulo: Ícone, 1995

ISBN 85-274-0334-X

1. Auto-apresentação 2. Homens — Psicologia 3. Masculinidade (Psicologia) 4. Usos e costumes 5. Valores sociais I. Título.

95-0654 CDD-158.1

Índices para catálogo sistemático:

1. Homens: Valorização pessoal: Psicologia aplicada   158.1

MARCIA SANTOS

COMO TRANSFORMAR-SE NO HOMEM IDEAL

© Copyright, 1995, Ícone Editora Ltda.

Produção:
Anízio de Oliveira

Capa:
Sérgio Cajado de Oliveira
Elaborada a partir da aplicação do quadro de Picasso
Mulher de camisa sentada na poltrona.
`No fundo do estudo de Leonardo da Vinci.`
O homem perfeito.

Diagramação:
Rosicler Freitas Teodoro

Revisão:
Rosa Maria Cury Cardoso

Proibida a reprodução total ou parcial desta obra, de qualquer forma ou meio eletrônico, mecânico, inclusive através de processos xerográficos, sem permissão expressa do editor (Lei nº 5.988, 14/12/1973).

Todos os direitos reservados pela
ÍCONE EDITORA LTDA.
Rua Anhanguera, 56/66 — Barra Funda
CEP 01135-000 — São Paulo — SP
Tels. (011)826-7074/826-9510

ÍNDICE

I. Introdução 9

II Homem ideal 15

III Aparência física 27
    cabelos 27
    barbas e bigodes 28
    pele 29
    Tipos de pele 30
    Limpeza de pele 31
    mãos 32
    pés 32
    vestimenta 33
    Traje esportivo 36
    Traje fino 36
    Traje clássico 37
    Traje social 38

IV. Preparo físico 43
    1. alimentação 43
    2. físico e postura 44

V. Comportamento e valores pessoais 47
    1. valores morais 53
    2. vícios 56
        drogas 57
        álcool 58
        fumo 60
    3. homem objeto 61
    4. ato sexual 62

VI Atividades sociais 67
   1. conversas 67
       conversas em local de trabalho 72
       conversa com crianças 73
       conversa ao telefone 74
   2. encontros ou convites 75
   3. frequentando restaurantes mais sofisticados 81
       tipos de restaurantes 83
       maître e garçom 84
       cardápio ou menu 85
       bebidas 87
       composição da mesa 88

VII Economia Doméstica 93
   1. cozinhar 97
   2. manutenção da casa 109

PREFÁCIO

Ao observar, durante vários anos, o interesse das mulheres por tudo o que possa ser ou parecer romântico nos livros, filmes, novelas, revistas e contos, pude concluir que, independentemente do lazer que proporcionam, eles confirmam os desejos de todas as mulheres em encontrar o homem ideal, o homem dos sonhos.

Partindo da insatisfação de grande parte dessas mulheres em não encontrar esse tipo ideal, mesmo entre as casadas, surgiu a idéia de desenvolver um manual que indicasse aos homens em geral, o que os tornariam mais desejados.

Isso foi necessário devido à completa inexistência de trabalhos especializados desenvolvidos especificamente para o público masculino que englobem desde esteticismo, moda até comportamento, valores morais e economia doméstica. Temas que são amplamente divulgados às mulheres nos meios de comunicação, mas que foram negligenciados para o público masculino.

Apenas para se ter uma idéia da importância desses assuntos na vida atual, observe-se como a mulher moderna tornou-se uma ávida leitora sobre tudo o que possa beneficiá-la na conquista da perfeição e na valorização pessoal, tornando-se alvo preferido das editoras e anunciantes em todo o mundo.

Com a quebra de muitos tabus e a assimilação de novos conceitos é necessário que você também tenha respaldos para o seu engrandecimento como pessoa.

Ao pensar no potencial que a maioria de vocês possui em tornar-se "príncipe encantado", procurei abordar sucintamente os cuidados que precisam tomar com relação à maneira de falar, vestir, andar, conversar, postar e respeitar.

Coisas simples que não são mais ensinadas nas escolas e que, infelizmente, estão sendo abolidas da rotina diária.

Longe de qualquer apelo feminista, este livro quer apenas demonstrar que, sem vocês, a vida não possui a menor graça.

Afinal, se milhões de mulheres em todo o mundo sonham com o mesmo tipo de homem e um número muito ínfimo consegue encontrá-lo, penso que a maioria de vocês não é encontrada por falta de aviso.

I
INTRODUÇÃO

Eu estava com 14 anos quando li meu primeiro romance. Lembro-me que uma colega de classe, pouco mais velha, não descia para o recreio com a intenção de ler, às escondidas, um livro. Ela pertencia ao grupinho das meninas consideradas mais evoluídas, daquelas mais experientes nos assuntos de namoro e sexo.

Por sentar-me próximo a esse grupinho eu não perdia nenhum movimento, sendo comum vê-las trocando livros variados no fundo da classe, nos intervalos das aulas.

Em meu conceito de educação, eu as achava meio liberais, não porque agissem de forma errada, eu é que estava atrasada e começava a aprender um pouco mais da vida feminina, afinal, minha infância tinha sido simples, num bairro da classe média paulistana. A rua onde morava era repleta de crianças e sempre brincava nas vizinhanças. Adorava as brincadeiras mais violentas e vivia imunda de terra e com os cabelos embaraçados.

Ao tornar-me uma pré-adolescente, batom, perfumes e bijuterias não faziam parte do meu dia a dia. Bem que minha mãe tentou transformar-me numa mocinha mais feminina, mas ela não tinha forças suficientes para dissimular minha teimosia em preferir shorts e camisetas aos vestidos e saias. Ora, onde já se viu brincar de pega-pega, esconde-esconde, jogar queimada e estrear nova sela, usando vestimentas que deixassem à mostra as peças íntimas? Os meninos provavelmente adorariam a cena e eu, como uma das donas da rua, perderia o respeito e o reinado.

Foi então que saí da escola municipal, próxima a minha residência, para estudar em um colégio feminino tradicional, no centro de São Paulo. Longe do ambiente familiar, tudo era novidade. Até as garotas desse novo colégio pareciam diferentes. Eram bem mais desenvolvidas fisicamente e com isso, mais favorecidas na escolha dos rapazes.

Hoje sei que meu crescimento e formação foram normais, uma vez que estava um ano letivo adiantada. Todas as alunas da classe, principalmente as que pertenciam ao grupinho das "saidinhas", consideravam-me a irmã caçula. Aos poucos fui descobrindo um novo mundo. Logicamente, jamais dei o braço a torcer para que não parecesse ingênua demais, embora, quase sempre, a curiosidade sobre certos assuntos me matasse.

Um dia, a supervisora passou de sala em sala retirando as alunas de dentro delas — não era permitida a permanência na sala durante o recreio. Todas nós sabíamos desse regulamento, mas enquanto não éramos forçadas a cumpri-lo, achávamos, com nossa rebeldia, que o melhor a fazer seria burlá-lo. Pois bem, a garota da turma das "saidinhas", que se encontrava sentada atrás da minha carteira, escondeu o livro e desceu. Então fiz que obedecia a supervisora e quando ela se foi, retornei e sem que me vissem, peguei o livro e li algumas páginas. Com medo de ser pega, marquei o nome do livro e na saída comprei um igual.

Fora o primeiro que comprara de livre e espontânea vontade, talvez por saber que não seria recomendado às meninas decentes de um colégio de freiras.

Ao chegar em casa li o livro às escondidas, com receio de ser pega por meus pais. Demorei uma eternidade para concluí-lo porque procurava saborear cada página, principalmente as mais picantes.

Começava, então, com esse livro, a formar o homem dos meus sonhos.

O mais incrível, no entanto, foi descobrir alguns anos mais tarde que o "homem dos meus sonhos" era o mesmo idealizado por grande parte das mulheres nos diversos níveis sócio — econômico — cultural e entre solteiras e casadas.

A mídia, em quase todo o mundo solidifica e unifica a imagem de que o homem ideal para as mulheres é aquele gentil, terno, carinhoso e apaixonado por sua mulher. Aquele que é bonito por dentro e por fora e sabe como fazer para que uma mulher se sinta especial. Demonstra segurança em seus sentimentos sendo eterno amante. É valente e obtém o sucesso em sua profissão através da perseverança, sem usar outras pessoas para alcançar o topo. Gosta da sofisticação sem esnobismos e sempre almeja um lar, uma família e privacidade. Ama a natureza, a vida ao ar livre, os animais.

O homem ideal é o retratado como: o mocinho do filme; o príncipe do conto de fada; o galã da novela; aquele que sempre divide com a mulher amada o final feliz.

Qual mulher não se apaixonaria por homens desse tipo? Qual a mulher que não sonha compartilhar sua vida com um homem assim, perfeito? É, pode ser que elas estejam à procura de homens com menos imperfeições que a grande maioria, da mesma forma que vocês, homens, buscam a perfeição nas mulheres.

Pequenas coisas consideradas até "tolas" pesam na escolha de um(a) companheiro(a) da mesma forma que são capazes de destruir um relacionamento de anos. "Coisas" que pretendo abordar mais adiante.

É comum encontrar mulheres modernas que adoram leitura romanceada, filme "água com açúcar" e novela que termina em casamento, mas que preferem não afirmar com receio de represálias por parte das pessoas mais críticas, e porque não dizer dos homens, que geralmente as consideram tolas românticas, esquecendo, eles próprios, que o romantismo, o sonho e a fantasia acalentam a alma.

Bem, é verdade que, às vezes, sentimo-nos meio bobas, achando que somente em livros pode existir tamanha perfeição para os relacionamentos entre homens e mulheres. De vez em quando, ao término da exibição de um filme bem romântico por exemplo, sentimos uma certa angústia, já que, à nossa volta, os homens não são como desejamos e o mundo parece viver em eterna luta.

Mesmo assim, num mundo deturpado como o nosso, uma força maior faz com que, através do esforço e da persistência, possamos mudar o que julgamos estar errado para o que consideramos certo. Algum exemplo? No passado não muito distante, as novelas brasileiras eram desenvolvidas para a mulher. Hoje o homem descobriu-se interessado em sentimentalismo, tanto ou mais que as mulheres. Vocês não mais se sentem constrangidos ao ver um artista representando um homem apaixonado, chorar o encontro ou a perda de um amor. (É verdade também que o apelo do nudismo feminino contribui para o aumento do IBOPE.)

Os conceitos na sociedade são reciclados conforme as gerações, mas a solidão e a necessidade de amar e ser amado, sempre estiveram presentes em cada ser humano durante todos os espaços de tempo, fazendo com que homem e mulher, indiferentes aos fracassos, continuem a almejar uma vida a dois.

Nos sonhos românticos, tudo é possível. O bem continuamente vence o mal, todos se esforçam para atingir seus objetivos em busca da realização profissional e pessoal, sendo o amor cultivado nas formas mais simples, ensinando o caminho da harmonia e longevidade.

Muitas pessoas acreditarão que tudo isto não passa de uma fuga da realidade, uma utopia. Mas quem poderá afirmar qual deve ser a verdadeira realidade, ou seja, você pode estar vivendo de uma certa forma, participando de um determinado grupo e que, se prestar atenção e analisar profundamente o que tem feito nessa vida, poderá distinguir se de fato está vivenciando o que realmente deseja para si próprio, na busca do "ser feliz". Você possui sonhos, fantasias, desejos, mas o que tem feito para torná-los parte integral de sua existência? Quando pergunto qual a verdadeira realidade é porque, de certo modo, a vida presente de quase todas as pessoas não está enquadrada nos sonhos mais desejados.

A autenticidade e a espontaneidade estão desaparecendo por não sabermos como lidar com elas. Em determinados momentos, tudo à nossa volta parece falso, sem alegria, sem brilho, sem cor. Ser autêntico é ser único, sem, contudo, esquecer dos bons princípios da educação e da integridade de um ser respeitável.

Repare que você se sujeita a inúmeras atitudes que não combinam com o seu modo de ser, somente para satisfazer a algumas pessoas, não àquelas que realmente o amam, mas outras que pertencem à sociedade e que mesmo distantes de sua vida íntima, sempre estão propensas a criticá-lo e a julgá-lo erroneamente.

Portanto, sonhar não é uma fuga, mas sim uma meta a ser atingida, um objetivo a ser conquistado. É o passo para o futuro traçado diariamente. Materializar um sonho é buscar a iluminação interior a fim de satisfazer o espírito, irradiando felicidade para todos os que estão ao seu lado. O sonho é um incentivo da vida.

Então, por que recriminar a mulher que sonha em encontrar o "homem ideal"?

II
HOMEM IDEAL

Nos tempos atuais, a monarquia de Branca de Neve, está cada vez mais distante, porém, o sonho de montar na garupa de um cavalo branco não foi deixado de lado. Continuamos a fantasiar um príncipe, só que moderno, mais ousado, mais homem.

Às vezes fica difícil entender como mulheres bonitas, inteligentes, populares, fiéis, de boas famílias e algumas até famosas internacionalmente, continuam solteiras na incansável procura do homem ideal, da mesma forma que muitos homens desejam este tipo de mulher e não conseguem encontrá-la.

Com freqüência, a mulher descrita acima, assusta o homem que a deseja, pelo simples fato dele não saber como lidar com ela. Passa a considerá-la exigente por querer selecionar seus companheiros de forma criteriosa.

Quem pode julgar se a mulher decidida a encontrar seu parceiro ideal esteja agindo de maneira errônea? Provavelmente, se ela tem conhecimento de que existe algo melhor, não irá contentar-se com quem oferece menos, não em questão financeira, mas em relação ao comportamento, ao cavalheirismo, que a maioria dos homens não se dá conta de que possa existir.

A mulher atual, por circunstância, passou a trabalhar, concluir seus estudos, a desejar e comprar, a viajar e almejar independência e sucesso tanto quanto vocês, homens, o que não significa, entretanto, que ela queira ocupar seus lugares. Na verdade, a mulher quer compartilhar a vida, sem abster-se de sua função feminina e quer que vocês continuem a desempenhar o papel masculino, sem superioridade.

O "homem idealizado", enquanto não encontra a mulher ideal, namora como todas as pessoas sadias, evita "empatar" a vida das mulheres que cruzam seu caminho com longos namoros. No entanto, quando encontra aquela que se enquadra em seus sonhos, não hesita em pedi-la em casamento.

Observe como é comum encontrarmos casais jovens, com mais de quatro anos de namoro e que não se sentem bem com o compromisso. Geralmente, mesmo incomodados com o falso relacionamento, adiam um rompimento com receio de arrebentar o ciclo vicioso e cômodo a que se sujeitaram durante anos de convivência.

Muitos são os casos em que o casal, da mesma faixa etária, espera anos pelo término dos estudos e o ingresso em uma profissão, para só então solidificar o relacionamento através do laço matrimonial.

Todavia, enquanto os anos foram passando, o rapaz amadureceu e a mulher foi acompanhando seus passos. Por não ser mais tão ingênua, como no início do relacionamento, essa mulher passa a sentir a necessidade de constituir uma família. Pressiona o companheiro de tal forma que ele, acuado, duvida dessa mesma necessidade para si próprio, uma vez que viveu grande parte de sua juventude preso ao compromisso. Então, pede "um tempo".

No momento de dúvidas ambos notam que a brincadeira acabou e o rompimento torna-se inevitável, trazendo uma grande mágoa e um vazio que, para a mulher principalmente, será mais difícil de ser preenchido. O término de um relacionamento desse tipo, faz com que a sociedade pressione a mulher de tal modo, que poderá causar-lhe problemas psíquicos, tais como insegurança, desvalorização pessoal, depressão e medo de novos envolvimentos longos.

Para a mulher que perdeu parte de sua juventude em um compromisso infrutífero, a objetividade ganhará papel fundamental nos próximos relacionamentos.

A primeira impressão é a que fica. Deste modo, muitas pessoas perdem o interesse por outra logo no primeiro encontro.

Pobre ou rico, você deve possuir princípios que o satisfaçam sem que precise prejudicar os que o rodeiam. Você poderá quebrar qualquer regra, desde que a conheça e saiba utilizá-la beneficamente. O ser humano tem a capacidade de habituar-se às situações com extrema rapidez e exatidão.

Dinheiro, poder e fama, andam na paralela com o esquecimento, pobreza e subordinação. Se você for um homem inteligente, deverá saber viver nos dois mundos, porque possui a certeza de que esses dois mundos, embora distintos, fazem parte de um mesmo universo.

Se for necessário, você deverá estar preparado para sentar-se à mesa de um favelado, beduíno ou cigano, da mesma forma que deverá se portar como um lorde, caso a nobreza o convide, para um banquete.

Certas regras a que somente os mais abastados têm acesso, podem e devem ser utilizadas por todos, independentemente do nível sócio-econômico em que cada um se encontra. Mesmo porque, a boa educação não é um privilégio, mas um direito.

Involuntariamente, por parte das mulheres mais experientes e independentes, o comportamento do homem deve ser mais apurado, o que não significa que você deva se policiar e agir apenas para impressioná-la se não estiver acostumado a ser o que realmente quer aparentar. De nada adiantará demonstrar ser um homem educado num único encontro. Os modos, a maneira de se portar e falar, podem e devem ser trabalhados de forma a melhor representá-lo junto às pessoas, procurando sempre transmitir uma boa imagem. É importante lapidar o diamante que existe em você, aprendendo principalmente, a valorizar-se.

Lembre-se que tudo na vida surge através de aprendizados, das experiências, dos erros e dos acertos.

Falar, nadar, cantar, escrever, ter relação sexual, dirigir, entre milhares de outras coisas que uma pessoa sabe fazer, passaram por ensinamentos complexos ou não. No início de qualquer aprendizado são muitos os erros, muitas cobranças e mil desculpas que, se não formos pessoas determinadas, far-nos-ão desistir. É como andar de bicicleta: apesar dos inúmeros tombos, dos arranhões, vale o prazer de saber comandar um equipamento que nos trará liberdade.

Com certas regras de etiqueta acontece do mesmo modo. Muitos acreditam que elas são como bicho de sete cabeças, servindo para transformar as pessoas em esnobes, além de complicar as tarefas mais simples, como comer, por exemplo.

Conforme acabo de descrever, aquilo que se aprende e se transforma em rotina, facilita a vida e denota conhecimento. Agindo naturalmente, o uso da etiqueta não será capaz de magoar as pessoas que a desconhecem e para o caso de estar acompanhado de pessoas mais exigentes, você saberá transmitir segurança em seu modo de agir.

Assim sendo, o contato entre homem e mulher deverá ser do início ao fim como um longo rio: envolvente, com margens que imponham limites, algumas surpresas agradáveis durante o curso e ter a capacidade de dar prazer e ser tão necessário como a água e o alimento que nele são transportados. Nesse contato deve existir algo de positivo com início, meio e fim.

Comum entre as mulheres é o desejo de conhecer alguém, um companheiro, do mesmo nível sócio-econômico-cultural, ou superior, que possa compartilhar e transmitir-lhe novos conhecimentos e experiências. A mulher não se sente em desvantagem por ser inexperiente em alguns assuntos e está sempre pronta a aprender. O inverso, porém, dificilmente será aceito. O homem não aceita sentir-se inferiorizado e nem deve, a menos que não se sinta incomodado.

Infelizmente uma mulher mais experiente que seu acompanhante, não em relação a sexo, mas de experiências de vida, muitas vezes camufla sua personalidade para não ofuscar seu companheiro. Provavelmente, se o relacionamento entre eles for duradouro, não será verdadeiro, visto que ela estará espelhando uma falsa personalidade. Mentir sobre si mesmo é podar a própria liberdade.

O dito popular de que as mulheres adoram homens "cafajestes" é talvez um dos únicos que não condiz com a realidade. Nenhuma de nós gosta de ser usada, enganada ou humilhada. Infelizmente o tipo "cafajeste" sabe utilizar-se de subterfúgios para agir da forma que toda mulher deseja encontrar em um homem.

Normalmente eles sabem, ao contrário da maioria, do que nós gostamos e aproveitam esse conhecimento de maneira envolvente, com muito charme, cavalheirismo e sedução.

Só que um indivíduo mal caráter apenas espelha uma imagem estereotipada e frágil, mas não consegue mantê-la por muito tempo. Quando a máscara do homem ideal se perde, sobra apenas um corpo oco, sem conteúdo, sem qualquer personalidade.

A questão "pele" é fundamental entre os casais. O contato físico que você tem com outra pessoa que te atrai, faz esquentar o coração, as mãos transpirarem, um arrepio percorrer o corpo e seus olhos brilharem, transformando-o de tal modo que basta estar próximo da pessoa querida para nada mais fazer sentido.

Essa paixão latente torna-o cego, mas aflora o coração, seca a garganta e explode o peito. As palavras, gestos e atitudes são irrelevantes se quem nos atrai estiver perto.

Somente a sensação de estar apaixonado move o vulcão adormecido.

No início é esta maravilha, um presente divino que nos transporta para o mundo dos desejos e prazeres. Todavia, com o tempo, essa paixão poderá esfriar. Depois da euforia, da novidade, vem a rotina que arrefece o relacionamento. Ao acordar dessa forte emoção, você passa a analisar mais racionalmente sua companhia e então poderá encontrar um ponto que o faça acreditar que aquela suposta cara-metade jamais poderia ter sido importante como julgou a princípio.

A paixão é cega, mas nunca o amor, que consegue solidificar-se dia após dia, quando realmente encontrado.

Você sabe por que é tão difícil manter uma paixão? Porque depois de alguns encontros os modos e atitudes de nossos companheiros tornam-se insuportáveis?

O relacionamento físico pesa na escolha e é meio caminho andado para que um casal tenha uma vida harmônica. Para as mulheres independentes, a satisfação do desejo físico é tão necessária quanto a satisfação de formação do intelecto. Elas sabem que não poderão e nem aguentarão, por mais prazeroso que seja, viver apenas de sexo, beijos e abraços, ao lado de seus companheiros. E o que se tem para complementar os intervalos da satisfação carnal? E no futuro, quando o sexo perde metade de sua importância?

A mulher gosta de conversar, de saber do dia-a-dia de seu amado, seus problemas, suas ansiedades, seus desejos e do relacionamento de ambos. Faz parte da alma feminina ser protetora, uma vez que ela nasceu para ser mãe e foi educada para apoiar e acalentar seus filhos e marido. No entanto, o homem se esquiva, impedindo-a de demonstrar a necessidade de protegê-lo e entendê-lo, sem que seja uma "mãezona".

Note como é grande o acervo de livros, revistas e entrevistas que ensinam a mulher a entender os homens, como dar prazer e agir da melhor maneira para agradá-los. Ela aprende a se vestir, a se maquiar e a manter o físico, sempre com o intuito de satisfazê-los.

São verdadeiras regras militares impostas ao batalhão feminino, que conseguiram transformar grande parte das mulheres em "top models".

Achou exagero? Então procure em livrarias ou bancas de jornais, revistas para o público masculino que não contenham garotas nuas. Procure encontrar material que demonstre sua postura em relação às mulheres, sem que haja superioridade.

Sim, porque, afinal, você também deve saber sobre compras, família, moda, esteticismo, higiene, atualidades e comportamentos.

De modo geral, poucos homens são capazes de entender a mulher, ressaltando que, felizmente em todas as regras há exceções.

Não pretendo com este livro, incutir em sua mente novas tendências. Quero simplesmente lembrá-lo de que o muito que algumas mulheres desejam vem de uma educação mais antiga, onde o cavalheirismo era sinal de um futuro brilhante para qualquer rapaz decente.

O amor à moda antiga sempre foi atual. Você, homem, sempre foi o conquistador e em outros tempos, não se desistimularia em conquistar uma dama, por mais distante que ela estivesse. Basta lembrar-se dos imortais Romeu e Julieta.

Hoje, para nossa infelicidade, a mulher considerada fácil, está, na verdade, assumindo o seu papel, porque você, em muitas ocasiões, sente dificuldade e uma certa apatia em conquistar aquela que realmente te agrada.

O medo de ser rechaçado faz com que você desista e fuja ante as mínimas dificuldades. Atualmente, para o homem, está mais fácil pegar o que se encontra à mão, sem se incomodar com a qualidade, fazendo com essa atitude, com que seu objetivo de ser feliz ao lado da mulher ideal, fique cada vez mais distante.

É devido a essas atitudes, muitas vezes relacionadas à covardia, que tanto homens, quanto mulheres, estão vivendo de superficialidades, fingindo uma felicidade que não sentem, uma aparência que não lhes pertencem.

O mundo dominado pelos homens, faz com que a mulher tenha que esperar pela aproximação do homem ideal. Qual mulher será levada a sério se tentar conquistar um homem? Evidentemente muitos de vocês sentem prazer em levar "cantadas", mas desde que não sejam oriundas daquelas por quem estejam interessados para um compromisso sério.

As mulheres que marcam um encontro, "chegam junto", dão cantadas e pedem o telefone são consideradas mulheres ideais para programas.

Você talvez nunca tenha percebido quantas e quantas vezes ficamos esperando a aproximação de determinados homens e ao invés deles, outros aparecem para nos incomodar, destruindo nossas chances de obtermos o que realmente desejamos.

Via de regra, a mulher faz mil manobras para chamar a atenção. Olha nos olhos, se não for tímida, passa por perto, mexe nos cabelos e faz de tudo para aparecer e ser vista.

Logicamente, existem homens tímidos também, que ainda não perceberam que levar um "fora" de uma mulher é menos degradante se vier a ocorrer de modo contrário.

Não que o homem seja menos insensível, mas é que na tradição, sempre foi o homem a responsabilizar-se pela aproximação.

O famoso "fora", assim poderá ser encarado de diferentes maneiras, mas sem sombra de dúvidas, se a aproximação for feita de forma educada, com imposição de limites, sem cobranças, muitas serão as chances de uma futura amizade surgir.

De modo geral, a mulher tem que se sujeitar a ser a escolhida e a esperar por um retorno, quase sempre sem fim. Retorno esse, que, para o homem, poderá definir-se imediatamente, uma vez que a ele cabe a aproximação. Para melhor exemplificar, se o homem sente-se atraído por uma mulher livre, ele poderá no mesmo instante que pôs os olhos nela, aproximar-se para conhecê-la, definindo assim, se ela estará dentro do conceito da mulher ideal. Ela, no papel passivo, conforma-se com a angustiante espera.

É normal a mulher apaixonar-se ou gostar de um homem (paixão à primeira vista) que nunca virá a conhecer ou então, que poderá levar anos para reencontrar e quebrar o feitiço dessa imagem.

Não seria deplorável afirmar que o mundo é machista se o machismo soubesse construir a beleza da vida a partir dos mínimos detalhes.

Um poeta, um ator, um músico, um artista, um pintor, entre outros, são considerados homens de alma feminina por saberem retratar a delicadeza do universo em suas obras. São pessoas como eles, com suas maneiras e beleza interior, que são capazes de divulgar o amor em todas as formas. Eles se despojam da arrogância.

Nosso mundo vem sendo dominando há milhares de anos por vocês, homens, que no cômodo posto de mandantes, não se preocuparam em atender os desejos femininos.

A mulher caiu de seu pedestal a partir do momento em que o homem foi diminuindo suas atenções para com ela. À mulher coube o aprendizado urgente das noções básicas do comportamento masculino, além de ser obrigada a continuar com as funções biológicas de reprodutora.

Diz-se que tudo o que não é exercitado, acaba atrofiando, então, a mulher, após esse aprendizado, acorda para a realidade de que poucos homens conseguem acompanhá-la, visto que a maioria deles, com o passar dos tempos e por negligência, esqueceu de manter e aprimorar-se no posto de comando.

O curioso é que faz-se de tudo para chamar a atenção dos homens, através do apelo sexual feminino. As novelas, os filmes, a publicidade, os programas humorísticos, principalmente no Brasil, utilizam a mulher como o objeto de prazer, esquecendo-se muitas vezes de que elas adoram a sensualidade e sexualidade tanto ou mais que os homens.

As mulheres fazem mais estardalhaço quando querem algo. São mais tietes e não têm vergonha de chorar ou desmaiar ao ver seu ídolo, nem de fazer vigília na porta dos hotéis onde um astro se hospeda. Elas gastam verdadeiras fortunas para obterem informações de artistas.

Sendo assim tão interessadas pela beleza masculina, por que se dá mais ênfase ao trabalho de mulheres seminuas, com pouco incidência de acontecer do modo contrário?

O homem não consegue ou não quer ver-se do outro lado, como objeto passivo a ser explorado por olhares femininos. E nós adoramos os homens...

O homem quer a mulher ideal, aquela que não se incomoda com sua cueca jogada em qualquer canto, aquela que entende "todos" os seus problemas, aquela que fala somente nas horas apropriadas e quando está disposto, aquela que sabe escutar não importando a hora. Adoram aquelas que sabem seduzir e agradar fisicamente, sem que seja uma profissional. Só que as mulheres também desejam ser entendidas e desejadas completamente. Ambos, homem e mulher, devem entender que, para existir união, deverão ceder em favor do que for mais adequado e correto para a vida em comum.

Este livro não deverá jamais ser encarado como um livro feminista. Nunca pensei em mulheres superando homens, muito embora nos últimos tempos o desejo de agradá-los e ajudá-los vem acrescentando experiências a todas, levando-as à igualdade, porém não à superioridade.

Vale um lembrete de que o que for executado continuamente, por desejo de querer agradar a si e à pessoa querida, deve ser feito com naturalidade, sem pressões ou cobranças. A espontaneidade de um pequeno gesto trará a recompensa de um sorriso ou a lágrima de uma felicidade.

Este livro contém o mínimo necessário para a formação de um homem, segundo a visão romântica e ao mesmo tempo realista das mulheres. Nele serão encontrados desde o cuidado com a aparência física até o preparo de um simples cafezinho.

Talvez você pergunte qual a necessidade de tudo isto se as coisas acontecem como têm que acontecer, é destino... Não se esqueça, porém, que nenhuma máquina funciona perfeitamente se estiverem faltando peças. Nenhum homem é suficientemente perfeito se não souber do que se compõe sua existência. Se o mundo estivesse com metade de sua população vivendo adequadamente e feliz, não existiriam tantas misérias, tantas mortes, tantas maldades. Este é mais que o momento certo para iniciarmos uma mudança, reaprendendo antigos valores.

III
APARÊNCIA FÍSICA

Você pode e deve ser lindo se souber cultivar hábitos sadios. A alma é imortal, mas seu corpo, evidentemente, não. Se você não cuidar dele com o devido carinho, ninguém o fará em seu lugar.

Seu corpo é uma máquina que trabalha 24 horas todos os dias, até mesmo em descanso. Ele deve ser encarado como um de seus objetos de maior estimação, daqueles, que se tem prazer em conservar mesmo porque, você não poderá trocá-lo, nem vendê-lo, quando este ficar mais velho e arruinado. Ainda que um dia consiga restaurá-lo, algumas peças não terão mais reposição.

A aparência física implica no cuidado do corpo, principalmente através da higiene.

CABELOS

Cabelos curtos, longos, arrepiados, ou cortados na última moda não terão os efeitos desejados se forem mal cuidados. Oleosidade, caspas, falta de corte e água, prejudicam sua imagem.

Os cabelos devem ser aparados todos os meses, tanto para fortificá-los, quanto para conservá-los bonitos.

Existe no mercado uma infinidade de marcas e qualidades de xampus e cremes para melhor auxiliá-lo na lavagem de seus cabelos. Ao adquirir algum produto observe sempre a composição, a validade e o nome do fabricante. Nem sempre o mais caro é sinônimo de melhor para o seu tipo de cabelo.

Experimente diversos produtos para conseguir o de melhor efeito. Ao comprar um xampu que não esteja habituado a usar, procure pelo frasco menor, evitando, assim, desperdícios, caso este não seja do seu agrado.

Nunca utilize sabonete comum. Eles são ácidos, ressecam o couro cabeludo, formando caspas, deixando os fios oleosos e opacos.

Independentemente da escolha certa de um bom produto, os institutos de beleza oferecem banhos de creme, massagens, entre outros serviços, que ajudarão a torná-lo mais atraente.

O privilégio de sentar-se em uma cadeira, e ser massageado no couro cabeludo por mãos experientes, não é só das mulheres. Habitue-se a freqüentar esses institutos.

Ter cabelos bonitos não significa estar penteado o tempo todo. Nós adoramos vê-lo acordar com cara de sono e cabelos em desalinho. Após a prática de um esporte o homem fica sedutor com os cabelos revoltos (muitas de nós temos de nos conter para não acariciá-los). Mas não aproveite esta dica para estar sempre com os cabelos desarrumados, tudo o que é demais perde o encanto.

Agora, se seus cabelos estão caindo continuamente, você deve descobrir as causas, que poderão ser, desde um distúrbio físico até o uso impróprio de algum produto. Em qualquer caso, para se ter um diagnóstico seguro, convém que você procure um dermatologista que, após examiná-lo, inclusive através de exames laboratoriais, poderá estabelecer com exatidão o motivo da queda e providenciar o tratamento.

Massageie o couro cabeludo com delicadeza ao final de cada dia, para estimular a circulação sanguínea. Mais gostoso e mais relaxante será se você tiver quem faça esta massagem. Quem sabe sua esposa, namorada ou até mesmo sua mãe.

BARBAS E BIGODES

Bem cuidados e aparados, as barbas e os bigodes não darão aspecto de "sujeira". Engana-se quem pensa em deixá-los crescer para não ter o trabalho de barbear-se diariamente.

Os pêlos que cobrem os lábios devem ser aparados para que as impurezas (poluição e poeira) acumuladas durante o dia não transmitam bactérias.

Se você é um dos adeptos da barba ou bigode, não esqueça que ao comer e beber, os cuidados devem ser redobrados, evitando que não grudem alimentos nos fios.

Não é agradável estar acompanhado de um homem com barba e que, ao comer deixa farelos de pão, espuma de cerveja ou leite, grudados nela.

Deve-se mantê-los sempre limpos, principalmente no verão, quando a transpiração é constante.

O uso da loção pós-barba com fragrância marcante, torna o homem irresistivelmente másculo.

PELE

Você precisa acostumar-se a hidratar seu corpo com bons cremes diariamente. Pele macia e tratada levanta o astral, traz grande satisfação e valorização, fazendo-o sentir-se especial.

Quando se é bebê, as mães utilizam colônias, óleos, talcos e cremes a fim de cuidar com carinho de seus filhos, inspirando cuidados ao comprar tudo da melhor qualidade. Naturalmente, os bebês crescem e na idade adulta, se eles próprios não dedicarem os mesmos carinhos ao corpo, não terão quem o faça em seus lugares.

Aposto como você adora ver uma mulher espalhando creme pelo corpo sensualmente. Dá o maior prazer, não é? Então saiba que a recíproca é verdadeira. A sensualidade ao distribuir o creme dá prazer tanto para si próprio quanto para aquelas que possuem a sorte de compartilhar desse momento com você.

Comece massageando os pés e vá curtindo cada pedacinho de seu corpo até os ombros. No pescoço e rosto você deverá tomar algumas precauções quanto à escolha de um creme mais específico para o tipo de pele, por se tratarem de regiões mais sensíveis.

TIPOS DE PELE

Pele normal — é lisa, com poros invisíveis e esticada, não brilha. Até esse tipo de pele necessita de cuidados a fim de que se mantenha sempre limpa e protegida, conservando sua naturalidade.

Para isso, você deve lavar bem o rosto, utilizando sempre os sabonetes neutros. Em seguida, um bom enxágüe e a aplicação de um tônico, encontrado nas farmácias com diferentes marcas, com o intuito de fechar os poros. Use sempre um hidratante não gorduroso.

Pele seca — é sensível, fina e opaca. Não apresenta poros abertos, nem pontos pretos. Sendo uma pele muito frágil e facilmente irritável, ela tem necessidade de cuidados e tratamentos, evitando tudo o que possa ressecá-la ainda mais.

Neste caso evite sabonetes comuns, que, por serem muito ácidos, aumentam o ressecamento. Procure sabonetes que limpem e hidratem ao mesmo tempo.

Ao enxaguar o rosto, não esfregue a toalha, dê apenas leves pressionadas.

Utilize um creme à base de óleos vegetais, que são mais gordurosos e nutrem com mais efeito a pele, principalmente no inverno.

Pele gordurosa — é brilhante, os poros são dilatados, cheios de impurezas. O excesso das secreções sai livremente.

Esse tipo de pele, se não for constantemente limpa, torna-se propícia ao aparecimento de acnes.

Se você tem pele gordurosa, lave-a abundantemente com água fria e utilize uma esponja natural e macia acompanhada de sabonete neutro. Evite produtos oleosos e escolha um creme especial para o seu tipo de pele.

A pele gordurosa necessita com mais freqüência de limpeza em institutos especializados.

Pele mista — geralmente é oleosa na região (testa, nariz e queixo) e ressecada ou normal nas outras partes. Deste modo, tome cuidado com a escolha do creme. Lave o rosto com sabonetes neutros e esponjas suaves nas partes mais oleosas.

LIMPEZA DE PELE

De modo geral a limpeza de pele tem como objetivo retirar a transpiração, a poeira e a gordura que se acumulam devido à poluição e células mortas. A limpeza é importante porque você jamais terá uma pele boa se não souber limpá-la adequadamente.

Sempre que for feita uma limpeza de pele, deve-se hidratá-la para que não sofra agressões de agentes externos, principalmente se você residir em grandes cidades, onde a poluição é constante.

Muitos problemas na pele vão mais além do stress acumulado diariamente pelo contato de agentes externos. Certos problemas terão influências internas, relativas a distúrbios físicos ou psíquicos e necessitarão de um acompanhamento médico.

Visitas a institutos especializados e dermatologistas devem fazer parte de sua agenda, sempre que um problema persistir, ou então, para uma simples consulta de rotina.

MÃOS

Foi-se o tempo em que mãos ásperas eram sinais de masculinidade. Elas podem ser calejadas e mais grossas devido à prática de um esporte ou trabalho manual, mas nunca descuidadas. Cremes fazem milagres para amaciá-las.

Unhas compridas só servem para acumular sujeira, mesmo porque, o homem não é mais um animal pré-histórico, que precise de garras a fim de caçar. Elas devem estar sempre bem aparadas e limpas.

As cutículas atuam como proteção às micoses e bactérias, por esta razão, não se deve retirá-las, apenas empurrá-las.

Mãos tratadas provam que o restante do corpo recebe os mesmos cuidados.

As manicures fazem verdadeiras faxinas nas unhas, deixe portanto, que elas façam esse serviço por você de vez em quando. É bem mais gratificante.

PÉS

Os pés sustentam o corpo e funcionam como "fio terra", expelindo toda a energia negativa do corpo para a terra.

Após um dia fechados em sapatos apertados, em contato com o tecido sintético das meias, seus pés necessitam de arejamento, para que respirem livremente e liberem a energia acumulada. Você tem que cuidar para que eles, pelo menos à noite, tenham um merecido descanso.

É importante, sempre que possível, andar descalço na areia, grama e outros terrenos, que não contenham objetos que possam feri-los ou infectá-los, a fim de sentir a natureza o mais próximo possível.

Lave-os bem, com sabonete e bucha, enxaguando-os em água fria. Seque-os bem, principalmente entre os dedos.

Passe creme hidratante e coloque as pernas para cima por 10 minutos. Uma nova energia vai invadir seu corpo, trazendo uma gostosa sensação de paz.

Deixá-los de molho na água morna com sal é altamente relaxante e refrescante. Como as unhas das mãos, as dos pés merecem os mesmos cuidados.

VESTIMENTA

Após ter cuidado do seu corpo com todo o carinho e respeito que ele merece, prepare-se para cobri-lo adequadamente demonstrando que sua imagem é a que melhor o representa.

Vestir-se bem implica em estar bonito para você mesmo e para os outros. É sentir-se confortável, não importando hora e local.

É necessário, contudo, saber que o charme e elegância somente existem onde há bom senso, ou seja, quando se sabe adequar a vestimenta ao momento apropriado.

Toda roupa tem uma lógica para ser usada e que combina necessariamente ou não com a moda desenvolvida através da escolha técnica e científica da fiação, coloração, resistência, modelagem, etc.

Muitos já nascem com o dom do "bom gosto", bem desenvolvido, independentemente da classe social a que pertencem. Essas pessoas captam com maior facilidade a harmonia de tudo o que está ao redor. Você também possui este dom que poderá ser desenvolvido caso não tenha a certeza de estar ou não bem vestido.

Nada na vida vem com facilidade. Vestir-se é uma arte que abrange diversas outras e que envolve um mercado imenso de produtos, serviços e profissionais.

Desde o cultivo do algodão, por exemplo, até a confecção final do modelo, usa-se a mão-de-obra de costureiras de bairro ou os avanços tecnológicos de uma grande indústria. Por essa razão, é importante valorizar cada peça de seu vestúario, como se valoriza uma obra de arte.

Para ajudá-lo a ser uma pessoa de bom gosto, existem profissionais que ensinam e acompanham a compra de seu guarda roupa — prática utilizada por muitas personalidades, cuja aparência é fator primordial. Existem, também, muitos estilistas que desenham as roupas conforme o físico e necessidade de seus clientes, os quais fazem um serviço personalizado nos ateliês, mas, geralmente, inacessíveis à maioria do público.

Evidentemente, nem todos têm dinheiro disponível para aprender a vestir-se com profissionais, mas todos querem causar uma boa impressão através das roupas que vestem. Para que isso ocorra, são necessários alguns cuidados na escolha dos trajes.

Geralmente, folheando uma revista de moda, você provavelmente aprecia as roupas que o modelo está vestindo. Não esqueça porém, que o tipo físico desse modelo pode ser bem diferente do seu. Ele foi vestido por profissionais com o intuito de fazê-lo triunfar na revista e vender o produto. Às vezes até a cor dos olhos influencia na escolha acertada de uma vestimenta.

É imprescindível que você saiba analisar a sua personalidade, seu tipo físico, o clima, a estação do ano, posição social do ambiente, evento, exigências do ambiente e, principalmente, a situação financeira. Nada justifica ficar endividado somente para aparentar, através das roupas, aquilo que de fato você não é.

A moda, normalmente imposta por estilistas e indústrias de confecção, faz com que todos devam atualizar-se no uso de determinadas roupas, que nem sempre combinam com a pessoa que a veste.

Você pode aprender a incrementar seu guarda-roupa "velho", com algumas peças da moda e que se identifique, com o seu jeito de ser.

A moda lançada na França, por exemplo, ao chegar no Brasil é imediatamente substituída por outras tendências de países como EUA, Inglaterra, Itália, etc, devido à grande influência externa exercida pela abertura de mercado aos consumidores brasileiros de modo geral.

No Brasil, a maioria das pessoas, infelizmente, comenta, e muitas vezes com maldade, se uma pessoa costuma repetir a roupa. É pena, porque se a pessoa fica bem vestida com determinado modelo, ela deveria vesti-lo sempre que quisesse causar boa impressão. No entanto, o consumismo exagerado da atualidade nos obriga a ter uma infinidade de peças, as quais deixamos, em grande parte, guardadas no armário por anos a fio, sem serem usadas.

Bem, olhe-se no espelho, como se estivesse analisando um estranho. Observe todos os detalhes que compõem o seu corpo: as cores dos seus olhos e cabelos, analise o tipo de pescoço, verifique se seus ombros são retos ou caídos, se possui barriga saliente, se tem tronco comprido ou curto, pernas grossas, finas, longas ou curtas.

A escolha do modelo certo recairá sobre aquele com o qual você se identificará, criando o seu estilo, tornando-se elegante para cada ocasião. Essa escolha, no entanto, segue alguns princípios básicos. Para melhor auxiliá-lo, seguem algumas sugestões que poderão aperfeiçoar seu bom gosto.

Não se esqueça, entretanto, que as tendências mudam, novos tecidos são criados e, cientificamente, alguns trajes são aperfeiçoados. Você deve estar sempre atento a todas as inovações.

É importante que você tenha conhecimento de algumas noções básicas que definem os trajes ocidentais. Com o passar dos anos, algumas coisas se modificam, mas o essencial estará sempre presente servindo de parâmetro.

TRAJE ESPORTIVO

Para este tipo de traje deverão ser usadas roupas práticas e, principalmente, confortáveis. É o traje indicado para ser utilizado no dia-a-dia, nas compras, na praia, no campo, no clube, passeios ao ar livre, com leves variações para o dia ou noite. Por ser esportivo, esse traje permite uma maior versatilidade entre as cores e modelos.

Peças esportivas:

Agasalhos, bermudas, calças, camisas, camisões, camisetas, jaquetas, macações, maiôs/sungas, shorts, etc.

Tipos de tecidos:
Primavera/verão — popeline, cambraia, voil, viscose, malha, lycra, brim, etc.
Outono/inverno — gabardine, brim, moletom, lã, lycra, etc.

Acessórios:
Cinto, boné, chapéu, óculos de sol, relógio com cronômetro, slash, etc.

Calçados:
tênis, sandálias, alpargatas, chinelos, siders.

TRAJE ESPORTE FINO

É semelhante ao traje esportivo quanto ao conforto e praticidade dos modelos, sendo, no entanto, mais valorizado pelos tecidos finos e melhor qualidade dos acessórios. Usa-se este tipo de traje nos eventos informais tais como: almoço, jantar, viagem, trabalho, visitas.

Peças do "traje esporte fino":
Blazer, camisas, calças, jaquetas.

Tipos de tecidos:
Primavera/verão — viscose, linho, panamá, cambraia de linho.
Outono/inverno — seda, lã, casemira, veludo.

Acessórios:
Cinto, gravata, relógio, echarpe.

Calçados:
Sapatos sociais ou esportivo de couro.

TRAJE CLÁSSICO

Caracterizado por sua sobriedade, o clássico é o traje que está sempre na moda. Pode ser constantemente atualizado sem perder sua principal marca: a seriedade. É recomendável para certos ambientes de trabalho, cerimônias, almoços, jantares, coquetéis.

Peças "Clássicas":
Calças, camisas, paletó, blazer, casaco.

Tipos de tecido:
Primavera/verão — viscose, panamá, linho, cambraia de linho.
Outono/inverno — seda, camurça, veludo, lã.

Acessórios:
Cinto, gravata, abotoaduras, prendedor, lenço, echarpe, relógio social.

Caçados:
Sapato social.

TRAJE SOCIAL

Sempre acompanhado do requinte que lhe é peculiar, o traje social é usado nas cerimônias formais, festas de gala (black-tie), estréias.

Peças sociais:
Smoking, Summer, Fraque.

Tipos de tecidos:
Tweed, lã, seda, cambraia de linho, panamá.

Acessórios:
Gravata borboleta, chapéu, relógio social, luva, lenço.

Calçados:
Sapato social, verniz.

SAPATOS E CINTOS

Dizem que se conhece o nível de uma pessoa pelo sapato que ela usa. Por essa razão, os sapatos devem estar sempre limpos, combinando na cor e estilo, com os cintos.

MEIAS

Para as roupas clássicas e sociais é necessário que a meia tenha a mesma tonalidade que o tecido da calça, realçando a sobriedade dos trajes. Já os esportivos pedem meias também esportivas e coloridas.

A seguir, algumas dicas importantes para o que vestir conforme as ocasiões e horários:

Para os eventos no período da manhã, deve-se escolher roupas mais simples, com cores leves. Se o evento for formal, escolha um traje clássico.

5

Para almoços formais, procure por um traje elegante, voltado para o clássico.

Nos jantares informais é indicado o traje esportivo ou esporte fino, dependendo do que se pretende fazer após esse jantar.

Jantares formais pedem um traje clássico, com tecido de boa qualidade. As cores lisas e escuras são as mais indicadas, por serem sóbrias.

Nos bailes de gala, todo o luxo que a ocasião exige, traduz muito brilho, muito glamour.

Conforme sua constituição física, a escolha correta dos tecidos, cores e modelos, tem a capacidade de valorizar seu corpo ou atenuar algum defeito. Você deve aproveitar os inúmeros truques da arte de se vestir para realçar suas qualidades.

ALTO

Se você tiver uma estatura alta, deverá evitar o uso de tecidos com listras verticais, que, por ilusão de ótica, torná-lo-ão mais alto. Mas isso se você for excessivamente alto. Procure usar: jaquetas, blazer, capas amplas, cores alegres, cintos largos, listras horizontais, tecidos de textura granulosa e grossa, estampados grandes.

BAIXO

Se você for baixo, deverá evitar o uso de tecidos com listras horizontais, quadriculados escoceses e estampas grandes. Procure usar: calças estreitas, roupas de uma única cor, camisetas com decote "V", estampas pequenas e tecidos com listras verticais.

GORDO

Você deve usar tecidos com estampas miúdas, casacos soltos em linha reta, golas assentadas e afastadas do pescoço, decote em "V", trajes em linha suave, simples e sem excesso de detalhes, lapelas estreitas e compridas nas blusas, jaquetas e casacos, trajes em uma só tonalidade, listras na vertical, paletó transpassado.

Evite usar roupas colantes, shorts curto, gravata borboleta.

MAGRO

Deve usar tecidos com listras horizontais ou estampas grandes, com textura mais grossa para dar mais volume, roupas com gola alta, suéters volumosos, coletes e jaquetas encorpadas, cores claras e vivas, calças amplas com pregas.

PESCOÇO COMPRIDO E FINO

Procure usar golas altas e fechadas. A gola olímpica faz o pescoço parecer mais grosso. Use também decotes redondos.

PESCOÇO GROSSO E CURTO

Procure usar blusas, casacos e camisas sem gola ou gola assentada e afastada do pescoço. Decotes em "V" e golas "polo", alongam o pescoço.

PERNAS FINAS

É aconselhável usar calças com tecidos encorpados em tons claros e modelagem ampla. Evite usar calça ou bermuda colante.

PERNAS GROSSAS (excessivamente)

Procure usar tecidos com listras finas verticais. Calças com corte reto e em tonalidades escuras, prefira as bermudas aos shorts.

Foram dadas algumas sugestões para alertá-lo de que "vestir-se" requer cuidados e pesquisa. Procure informar-se, observe a moda e as novas tendências. Busque nas revistas, livros especializados e palestras com profissionais a melhor forma de se conseguir atingir o bom gosto.

Visite as lojas, observe as vitrines com as variadas confecções e modelos.

Atualize-se e crie seu estilo.

Vale ressaltar, também, que muitas lojas de "griffes" mandam confeccionar seus modelos em diversas indústrias espalhadas pelas cidades, onde você também poderá adquirir peças de excelente qualidade a um preço menor. Estar na moda não é necessariamente comprar roupa de "marca" numa determinada loja, gastando o que não se tem. É saber comprar bem. Evite as roupas, calçados e acessórios de qualidade inferior e duvidosa, porque, de modo geral "o barato sai caro". Compre sim, uma peça boa, de bom acabamento e neutra, que não saia de linha, para que sempre possa usá-la.

Os bons produtos sempre vêem acompanhados do controle de qualidade exigido por lei. Desde uma camiseta até a mais pura seda, todos os produtos devem possuir em seu interior a etiqueta com: nome do fabricante, CGC, tecelagem, composição do fio, material empregado, formas de conservação e lavagem, bem como a origem.

Fique certo de que o homem elegante é o que sabe se vestir de acordo com o momento, não segue a moda, mas sabe fazer seu próprio estilo.

IV
PREPARO FÍSICO

ALIMENTAÇÃO

Sem uma boa e correta alimentação não será possível possuir um corpo sadio. Os cabelos, a pele, os músculos, o coração, as unhas, enfim, todo o corpo necessita estar em perfeita harmonia, nutrido integralmente para dar sustentação a todas as células que compõem a massa humana. Quando existe falta de alguma vitamina, imediatamente o corpo rebela-se.

Por esta razão, coma muitas frutas da época, legumes levemente cozidos, verduras, peixes frescos e carnes brancas, de preferência.

Se você trabalha diariamente e tem dificuldade em controlar sua alimentação, procure, então, inverter o peso das refeições. Ao tomar um "supercafé da manhã" não será necessário fazer uma refeição pesada no almoço, podendo, assim, optar por um lanche ou salada — além de economizar dinheiro, evitará a famosa "inhaca", que tanto atrapalha o rendimento do serviço após o almoço.

Os sucos são excelentes, desde que feitos na hora, com frutas cortadas também na hora. Se houver necessidade de água ou gelo, que sejam filtrados.

Os residentes em metrópoles são muito prejudicados na qualidade de vida, então quando puder fazer uma refeição sadia, faça-a.

Fique sempre atento para a higiene dos estabelecimentos; se a aparência externa do estabelecimento já é comprometedora, pode ter a certeza de que o que está escondido é duas vezes pior.

Não se pode fazer uma dieta geral para todos igualmente, porque nem todos estão numa mesma sintonia ou ritmo de vida.

Não seria conveniente mudar hábitos alimentares arraigados durante anos de uma única vez. Isto só prejudicaria o organismo. A mudança deverá ser gradativa e sempre com o acompanhamento médico.

Existem também bons livros que indicam várias formas de alimentação que poderão auxiliá-lo a habituar-se a uma vida mais sadia.

FÍSICO E POSTURA

Você não deve comparar-se ao Silvester Stallone ou a qualquer outro astro musculoso de cinema. Todavia, não deve se esquecer de fortificar-se através de exercícios físicos e dietas balanceadas.

Cada esporte desenvolve musculaturas específicas, dessa forma, é sempre bom praticar exercícios complementares.

O alongamento dos músculos, após a prática desportiva, é fundamental para devolver-lhe a elasticidade. É importante soltar o corpo, relaxar, sem, contudo, perder a elegância.

Muitas vezes a barriga saliente, os ombros caídos e costas curvadas estão ligados à má postura.

Aprenda a olhar para frente, cabeça erguida e costas retas. Não importa a sua altura. A firmeza em se postar, demonstra segurança, além de aliviar os pulmões e o diafragma para que possam processar a respiração com maior facilidade.

Nada mais cansativo do que ver uma pessoa andar arrastando os pés, sem querer fazer o mínimo esforço ao caminhar. O andar tem que ser firme, ágil, seguro e elegante, a fim de demonstrar segurança e poder.

A concepção de perfeição física muda conforme os modismos, épocas e regiões. Gordo, alto, magro, de pernas grossas ou finas, braços musculosos ou finos, combinam quase sempre com a pessoa que os possui, desde que, no geral, ela tenha saúde e deseje seu corpo, valorizando-o.

Agora, se você se sente desconfortável com o descaso a que tem submetido seu corpo, está mais do que na hora de deixar a preguiça e as desculpas de lado para colocá-lo novamente na ativa.

Procure por boas academias de ginástica, clubes ou, se preferir, pratique um esporte entre amigos, ao ar livre. Exercite seu corpo e livre sua mente dos problemas que o cercam.

Existem inúmeros exercícios que poderão ser praticados até mesmo por quem não tem a menor aptidão para atividades físicas. Caminhar, dançar, lavar o carro, plantar árvores, cortar a grama, lavar o quintal, pintar a casa, lixar portas e paredes, lavar roupas no tanque, encerar o piso, entre outras atividades, devem ser encaradas como exercícios físicos.

Você já encontrou algum peão de obra gordo ou que seja raquítico?

Se você não tive realmente tempo para freqüentar clubes ou academias, invente atividades em sua própria casa. Além de deixá-la em ordem, será uma excelente terapia e um grande passo para tirá-lo do sedentarismo.

Procure subir escadas e andar sempre que possível. Quando estiver na praia, por exemplo, em vez de ficar sentado, bebendo inúmeros copos de cerveja, procure caminhar, nadar e praticar alguma coisa. Sinceramente, é desagradável ver um homem barrigudo e bonachão de maiô e que, sentado nas barracas da praia, não impõe limites para a bebida. Pode-se perceber claramente que esse tipo de homem, por não conseguir dominar-se frente à bebida, tem muitas dificuldades em limitar suas próprias atitudes.

A postura representa a embalagem. Ninguém gosta ou quer adquirir um produto que está danificado ou mal conservado. Observe que a cada dia os produtos consumidos no mundo todo ganham novos designs, novas cores, novos modelos, para poderem enfrentar a concorrência. Essa concorrência leva à perfeição naquele momento. Obviamente, existem compradores para tudo, inclusive para os produtos de pior qualidade.

Procure conhecer seu corpo. Você tem que ser raro para que possa demonstrar seu real valor. Mas evite julgar-se o máximo ou superior. Não saia por aí como um louco, atrás de mil atividades, para retomar a forma. Tudo o que se propuser a fazer, faça sem exageros e sempre acompanhado de avaliações médicas.

Segundo a famosa estilista Coco Chanel "A elegância não depende só das roupas, mas da pessoa que as usa, de sua postura e de seu jeito de andar".

V
COMPORTAMENTO e VALORES PESSOAIS

Todos os homens são iguais perante a lei. A lei da sociedade impõe a ordem e a justiça para que todos possamos viver em igualdade e harmonia.

Naturalmente, o ideal de justiça entre os homens, almejado por todos os povos, é utópico. Ninguém consegue ser igual a outra pessoa, nem mesmo os gêmeos univitelinos, que, por mais parecidos que possam ser fisicamente, diferem em personalidade, em conceitos e aprendizados.

Devemos agradecer por sermos, cada um, original, sem cópias. Essas diferenças complementam o círculo de nossa existência.

A superioridade de alguns, liderando os mais fracos, faz parte da natureza e nós, seres humanos, pertencemos à ela. Sempre existirão pessoas mais capacitadas que outras em cada área específica.

Ao nascer, diz-se que todos os bebês são parecidos. Podemos não notar as diferenças entre eles na tenra idade, mas elas existirão no futuro, como reflexo dos cuidados despendidos a eles no período da gestação, onde grandes influências, positivas e negativas, construirão, juntamente com a carga genética herdada, a personalidade de cada um.

Muitas mulheres que vivem em constantes conflitos, em tensões permanentes, drogadas, alcoolizadas, ou sem a menor preocupação com os cuidados necessários para gerar um filho sadio, trazem ao mundo crianças inseguras, que, se continuarem a crescer e a se desenvolver em ambientes problemáticos, poderão tornar-se adultos com graves distúrbios psicológicos.

É muito raro encontrarmos pessoas que nascem em um ambiente sórdido e que conseguem alcançar o sucesso e a felicidade. A amargura, sofrida por uma criança de família traumática, é difícil de ser superada. Poucos têm forças para esquecer o passado triste a que foram submetidos, vivendo um presente livre, feliz e seguro.

As crianças que conseguem emergir de uma vida infantil decepcionante com vitória, são capazes de nos ensinar que tudo nesta vida pode ser transformado, desde que haja esforço e vontade.

Outras crianças, ao contrário, nascem e desenvolvem-se em um ambiente harmônico, cheio de novidades e rodeadas de compreensão e carinho. São interessadas e, por terem tido acesso a livros, estudos, esportes e viagens, tornam-se adultos inteligentes, cultos e sadios.

Já as crianças de rua, por exemplo, são inteligentíssimas. Aprendem com extrema rapidez e vivem inovando. São excelentes comerciantes e muito ativas. Todavia, dentro do universo a que foram submetidas, somente os ensinamentos voltados para o submundo são transmitidos e assimilados com grande precisão.

Por não terem acesso à cultura e à educação, como um todo, dificilmente se consegue que elas pertençam a uma sociedade com regras diferentes das que estão acostumadas.

Mas será que somente as crianças de rua praticam atos que causam a indignação da sociedade? Como explicar que muitas crianças de famílias mais abastadas, tornam-se adultos de péssimo caráter, se supostamente tiveram acesso às melhores coisas?

A convivência pacífica entre os pais, num lar onde o amor, o carinho, a compreensão e, principalmente, a honestidade, fazem parte de um mundo seguro, é o mínimo necessário para que toda criança nasça, cresça e tenha uma vida sadia no presente e no futuro.

Muitos indivíduos querem viver apenas o presente e somente ele, esquecendo de que o presente é o futuro. Viver sem limites, sem preocupações, indiferentes à sociedade a qual pertencem, representa a fuga das responsabilidades. Até uma certa idade, a sociedade nos concede o direito de sermos irresponsáveis. Infelizmente, muitos julgam-se capazes de serem irresponsáveis a vida inteira.

Você pode ter nascido em uma excelente família e sentir prazer em fazer parte dela até o presente momento. Ou então, você pode pertencer a uma família complicada, onde não existe o respeito mútuo e, embora queira mudar, continua unido a ela.

Bem, se você pertencer ao primeiro caso, procure conservar o amor e a felicidade que reinam em sua casa, transmitindo, através de suas atitudes, tudo o que tem vivenciado de bom, aos seus filhos, netos e bisnetos. Todavia, se você pertencer a uma família problemática, com pais que brigam, ou pais separados que não se suportam, doenças, traições, falta de dinheiro entre outros casos, observe se você também não está agindo de forma menos humana para consigo mesmo ou com seus semelhantes. Tenha força de vontade e procure captar somente as coisas boas.

Muitas vezes, basta um momento exíguo de felicidade para que surja o impulso necessário para que continue positivamente a vida futura. E para encontrar esse momento, serve a companhia dos amigos, de um animal de estimação, de um jogo descontraído, um filme na televisão, a leitura de um livro, uma revista em quadrinhos, uma caminhada, enfim, procurando encontrar o sentido da vida nas coisas mais simples.

O mundo não gira em torno das coisas ruins, mesmo que os meios de comunicação apelem para isso.

A sua casa pode ser um inferno, mas em vez de criticar o que está sendo feito, procure mudá-la, sonhe as mais loucas fantasias para que possa idealizar seu paraíso. A felicidade é a somatória dos momentos felizes que estão fazendo parte da sua vida. Esses momentos estão à sua volta, nas atitudes, gestos e visões de sua vida diária.

    Você está vivo, por que estragar os anos que tem pela frente?

    Quando se sentir só, sem um amigo, sem uma namorada, não se deprima, afinal milhões de pessoas em todo o planeta estarão na mesma situação que você. Lembre-se das inúmeras canções onde o compositor traduz o que todos nós sentimos em certos instantes de nossa existência, e o mais importante: tenha a certeza de que você nunca estará realmente sozinho.

    Fique certo, também, que o estar só é uma questão de opção. Se você for uma pessoa saudável, bom papo, respeitável, honesta e segura de suas atitudes, dificilmente terá depressões por ficar sozinha durante um certo período.

    Evite fazer como boa parte dos homens e mulheres que procuram a prostituição como uma forma de preencher o vazio de suas vidas.

    De modo geral, esse comércio de sexo é sustentado por pessoas infelizes, inseguras e solitárias, que procuram desviar as tensões causadas por problemas familiares, medo de uma paixão, ou por pura incompetência de não saber valorizar-se, por um prazer carnal paleativo, ou seja, um prazer fictício, de pouquíssima duração e que jamais conseguirá dar a completa satisfação, como no ato sexual entre as pessoas que se gostam.

    O homem de família constituída e que recorre a esse serviço de prostituição regularmente, possui uma vida falsa e, muitas vezes, repleta de promiscuidade.

    Homens sadios e de caráter não têm dificuldade em encontrar soluções para seus problemas. Se há algo errado, deve existir uma imediata solução. Protelar com medo da dor, é sofrer duas vezes.

A falta de interesse e credibilidade na escolha da mulher ideal ou homem ideal, tem causado em muitas famílias, a infelicidade, a desconfiança, o desamor, as brigas, as incompreensões, o jogo de interesses e a falta de respeito logo nos primeiros meses de convivência mútua.

Tudo o que vem com facilidade pode ir embora com a mesma facilidade. Você deve lutar por quem considera a sua outra metade, para, ao menos, ter a certeza de que fez uma escolha ideal, na busca da felicidade.

A junção de sua vida com outra pessoa somente será possível se ambos souberem de seus limites e souberem respeitar os limites de seus companheiros.

No decorrer da vida você passa por inúmeras provações que necessitam de sérios cuidados para não colocá-lo em situações constrangedoras. Receber diversos convites para um mesmo dia, receber duas propostas de emprego no mesmo período, duas ou três obrigações num mesmo horário, são exemplos de que em certas ocasiões desejaríamos ser mais de uma pessoa. Quando isto ocorrer não fique desesperado lamentando pelo acontecido. As provações sempre significam que nosso destino está sendo traçado.

A escolha do melhor, nem sempre trará a satisfação imediata, mas a esperança de uma compensação futura. No caso das traições, muitos parceiros, homem e mulher, são capazes de destruir um bom relacionamento conjugal, por um prazer egoísta e momentâneo, sem pensar nos danos futuros.

Normalmente as pessoas não analisam que, se sentem a necessidade de trair é porque seu parceiro pode estar fazendo ou querendo fazer a mesma coisa.

Ninguém consegue ser realmente feliz vivendo dessa forma.

Não dá para almejarmos uma vida sem limites. A liberdade oferece opções e somente será alcançada por quem souber optar e lutar por mantê-la.

Quando pretender fazer algo, mas que, em seu íntimo, julgue errado, lembre-se:

"Não faça aos outros aquilo que você não quer que façam a você mesmo".

— Você gosta de viver em uma família cheia de problemas? Então construa uma melhor.

— Você gosta de ser traído? Então não traia.

— Você gosta de ser compreendido? Então compreenda.

— Você gosta de deslealdade? Então seja leal.

— Você gosta que te corrompam? Então não corrompa.

— Você gostaria de ter uma filha, irmã, mãe ou esposa prostituta? Então não alimente a prostituição.

— Você quer ser encarado com seriedade? Então seja sério.

— Quer ser amado? Então ame.

— Quer ter amigos? Então cultive-os.

Estes e inúmeros outros conceitos fazem parte do bom comportamento e se você cumpre todos eles, deve ser um excelente homem, no entanto se anda pecando em sua conduta, reveja sua posição para não compartilhar sua vida com uma mulher que seja pior que você e que dificilmente saberá compreendê-lo e respeitá-lo como homem.

Homens e mulheres possuem sonhos, ilusões e desejos que preenchem suas vidas. Poucos sabem, no entanto, como compreender o outro no que se refere aos sonhos alheios. Sempre é mais fácil criticar pelos obstáculos impostos do que tentar encontrar soluções para transpô-los com dignidade. Qual tem sido seu comportamento diante da vida? Você se sente bem da maneira que a vem conduzindo?

Seja responsável por suas atitudes. Procure ser natural sem impor-se aos outros e sem tornar-se um "chato", respeitando, sempre, os seus limites.

VALORES MORAIS

"É fácil no mundo viver segundo a opinião do mundo, é fácil igualmente na solidão, viver segundo nossa própria opinião. O maior homem é aquele que no meio da multidão conserva a mesma independência que desfrutaria na solidão."

Ralph Waldo Emerson

Muito do que compõem os valores morais vem de uma educação onde o importante é o respeito ao próximo e a busca da vida harmoniosa em sociedade.

Por vivermos em comunidade devemos nos esforçar para não ultrapassarmos os limites dos que convivem conosco.

Desde um papel de bala jogado ao chão até a escolha de um presidente, são frutos dos valores morais pertencentes a cada cidadão, como membro de uma sociedade instituída.

Muitos julgam-se capazes de condenar e criticar os atos errados cometidos por outras pessoas, mas são incapazes de se autocondenarem; acreditam que seus próprios erros são pequenos em relação aos dos outros.

Para os cristãos, a Bíblia é o livro dos valores morais, escrito a milênios para uma sociedade decadente e em transformação e que serve de parâmetro para a nossa vida presente e futura.

Não devemos nos esquecer de que o líder Jesus Cristo, que pregava a igualdade entre os homens, foi, naquela época, julgado e condenado pelo povo. Quando se aprende a fazer errado dificilmente se consegue aprender o certo. Nos momentos de incertezas fica mais fácil condenar o que não se conhece.

Então como saber o que é moral, ética e onde está a verdade?

Infelizmente as escolas não ministram mais a filosofia. Caso você nunca tenha estudado essa matéria, este é o momento ideal para que você comece. Filosofar é saber pensar através de sua própria sabedoria. Um homem sem idéias próprias será sempre um escravo nas mãos dos mais espertos.

O ano de 1992 foi marcado para os brasileiros pelo inédito acontecimento do "impeachment" do Presidente Fernando Collor de Mello.

Uns foram totalmente a favor do seu afastamento, outros contra. No entanto, qual a melhor escolha? A mais sensata?

Poucos se preocuparam em analisar, em pensar todas as hipóteses antes de tomar a decisão de condená-lo por corrupção. Ficou difícil, naquele momento, ter a certeza de estar dando o passo correto, sendo que os meios de comunicação, formadores de opinião, e políticos opositores, não davam suas versões para o caso, esquecendo-se todos eles de que a impunidade continuaria entre os diversos setores da sociedade.

Quando se vive o presente, poucos têm a capacidade de repensar o passado para que o futuro seja realmente diferente. Poucos têm condições de projetar-se para os resultados a longo prazo.

A humanidade errou muito e continua cometendo os mesmos erros porque ninguém quer conhecer e mudar a si próprio. As pessoas perderam o sentido do que pode ser certo e errado. Como dividimos o mundo com bilhões de outros indivíduos, não conseguimos, ainda, sincronizar os ideais em busca da harmonia.

Quando uma pessoa joga um papel no chão, por exemplo, ela acredita que um simples papelzinho não irá afetar em nada o meio ambiente. Esquece porém, de que não existe somente ela no mundo e que milhões de pessoas estarão acreditando que podem fazer a mesma coisa. Resultado: cada simples papelzinho jogado por cada habitante transformar-se-á em uma tonelada de papel.

Todos estão cada vez mais aprendendo a viver isoladamente: quarto com banheiro e televisão individual; refrigerante em lata ou garrafa pequena, pãezinhos em vez da "bengala", dados por computador nas residências, automóveis para cada pessoa da família, discotecas barulhentas em vez das casas de danças onde se aprendia a dançar a dois, condomínios fechados, edifícios, entre outros, que têm como objetivo personalizar seus possuidores, isolando-os das camadas supostamente inferiores.

Se por um lado o indivíduo ganha em status e conforto, por outros lado isola-se do mundo real, das dificuldades e das necessidades de colaborar com a construção de uma sociedade mais justa. Para essas pessoas fica mais fácil alienar-se dos acontecimentos mais traumáticos e desastrosos.

A corrupção surge justamente porque todos se julgam no direito de possuir as mesmas regalias desses grupos em isolamento.

Geralmente, numa sociedade onde seus integrantes são desprovidos de valores morais, todos são trapaceiros trapaceados. Quando um cidadão pretende ser mais esperto e levar vantagens sobre os demais, esquece-se de que estes também estarão procurando levar vantagem sobre alguém.

No caso do Brasil, que atualmente vive uma fase difícil, sem rumo, com todos preocupados em "salvar suas próprias peles" a violência, a má distribuição de renda, a criminalidade, a corrupção, o isolamento, a destruição da natureza, estão inteiramente ligados à perda da identidade, dos valores morais e éticos.

A solidariedade, o respeito, a amizade e a fé estão temporariamente esquecidos. E para que eles retornem é preciso que cada um julgue seus próprios atos e analise que ninguém vive sozinho ou é dono exclusivo da terra e, se pensar em levar vantagens, deve saber que também será enganado.

Ser uma pessoa de caráter é ter a consciência tranqüila sempre. É ter um ideal a ser seguido. É saber ser superior sem oprimir os inferiores.

Ter moral e ter ética é ter uma vida honesta, limpa, segura, sábia e responsável pela sua raça.

VÍCIOS

Todos temos um vício, ou melhor dizendo, todos somos "maníacos" ou apaixonados por alguma coisa. Uns por vídeo game, outros por gibis, uns por novelas, outros por cinema, uns por carro, outros por moto. Há aqueles que não dispensam um cafezinho, bem como aquele que só come bomba de chocolate.

Esses vícios sadios, individualizam as pessoas e, ao mesmo tempo, as une, porque, independentemente dos gostos opostos, cada um sente o mesmo prazer. É algo que se encontra dentro da pessoa e que dá o sentido à vida. Eles funcionam, também como um alento, uma pausa, um refresco, um porto seguro, diante daquilo que nos faz perder o controle e a razão da existência.

Infelizmente não são somente os bons, gostosos e sadios "vícios" que rondam a nossa vida. Num instante de fraqueza podemos encontrar os piores vícios, tais como as drogas, a bebida, o fumo. Ser dependente de um vício maléfico, que tem o poder de interferir no desenvolvimento do físico e da mente — sugere renegar a liberdade. Ser dependente daquilo que nos prejudica, é ser escravo.

Vamos conversar um pouco sobre os vícios maléficos (droga, bebida e fumo), para que você sinta a importância de ser um indivíduo livre e consciente dos seus atos, bem como capaz de saber o momento de parar com tudo o que é prejudicial ao seu desenvolvimento. É necessário que você entenda que possui uma força interior capaz de levá-lo onde realmente deseja ir.

DROGAS

Não entraremos em detalhes científicos para dizer, por exemplo, do que se compõem as drogas, mas sim o que as pessoas sentem em relação a elas.

"Pena" é o que sentimos quando fulano é um drogado. "Raiva" e "revolta" são os sentimentos que nos apoderam quando esse drogado é a pessoa que amamos. Fica difícil aceitar que a pessoa a quem dedicamos tanto afeto, possa ser tão fraca que necessite de drogas para estimulá-la a viver.

Não é agradável estar acompanhado de um ser que não seja capaz de ser ele mesmo e que, embora fisicamente esteja ao nosso lado, viva em um mundo paralelo, construído por alucinógenos, sem ter a capacidade de desenvolver suas próprias fantasias, seus próprios sonhos.

Somente quando se ama muito essa pessoa é que temos forças para demovê-la desse vício, desde que esta pessoa saiba amar com a mesma intensidade para querer ajuda.

As drogas não curam os problemas, ao contrário, além de mantê-los, trarão outros, em proporções maiores.

Não existem drogas leves ou mais pesadas. Todas oferecem os mesmos riscos. Umas matam mais rapidamente, outras mais lentamente. Todas, no entanto, causam a dependência.

O dependente não sabe agir por si só. Para ele somente existirá "carta de alforria" se conseguir convencer sua mente da necessidade de viver em total liberdade.

Se você, infelizmente, necessita de drogas para viver, tenha a certeza de que não está vivendo e, o pior, não está deixando que as pessoas que te amam também possam viver livremente. Elas morrem um pouquinho por dia pelo desgosto de vê-lo destruindo sua vida através das drogas. Não se esqueça que não é somente um fator de autodestruição, mas a destruição de muitas outras pessoas que vivem no submundo mantido pelas drogas.

Uma vida melhor não se constrói através das drogas. Construir a vida requer tempo e muita dedicação. Nem sempre acertamos, mas não podemos desistir sempre que erramos. A felicidade está presente nos pequenos atos.

Sua vida, só você a vive, não perca a oportunidade de presenciar seu crescimento.

Se você tem amigos, ou uma pessoa querida que está dependente, procure ajudá-los, não desista nem faça de conta que não vê. Tome a iniciativa, procure por clínicas, por livros, por terapeutas. Alguma coisa tem que ser feita. A omissão é um ato de covardia.

Álcool

Bebida alcoólica, se consumida moderadamente, não causará dependência, podendo-se considerar, por exemplo o vinho e a cerveja como excelentes remédios, da mesma forma que o licor caracteriza-se pelo efeito digestivo.

Nunca misture as bebidas: destiladas — whisky, vodka, aguardente, etc. — com bebidas fermentadas — vinho, cerveja, etc. Tentar misturá-los causará o mesmo efeito que água no óleo, quase impossível.

As bebidas ingeridas devem, de preferência, combinar com o clima, a ocasião, horário, e sempre acompanhadas de salgadinhos, para evitar tonturas e enjôos.

Cuide de sua aparência. Não é porque você está em uma festa, com a bebida "rolando solta" e que não terá que pagar a conta no final, que você deve achar-se no direito de "tomar todas". Controle-se para que não venha a dar trabalho às pessoas com uma possível bebedeira. Evite dar vexames. Quando não se está sóbrio, pode-se tomar atitudes e ter problemas que venham causar grandes arrependimentos.

Cuidados redobrados devem ser tomados se você tiver que dirigir ou acompanhar crianças e outros que dependam da sua sobriedade. Eles estão sob sua responsabilidade.

A bebida serve para relaxar, dar prazer, estimular, descontrair, alimentar e aquecer. Como todo remédio, deve ser ministrada em pequenas doses a fim de se obter o efeito desejado. Em demasia, causará danos ao corpo e à personalidade.

Como regra geral, as bebidas alcoólicas devem ser evitadas antes das 11:00 h.

Dificilmente um alcoólico assume seu vício. Somente quando o estado físico começa a dar mostras de sua deficiência e as pessoas à sua volta, encontram-se desesperadas, é que percebe a gravidade.

Muitos são indicados às terapias e com esforço livram-se do vício. Outros, não terão a mesma oportunidade devido ao estado adiantado das infecções no fígado, quase sempre levando à morte.

Vários são os fatores que levam uma pessoa ao alcoolismo e é preciso descobri-las para que ocorra a total libertação desse vício.

Se você não consegue voltar sóbrio das "festinhas" com a turma, está mais do que na hora de tentar se modificar. Pode estar a um passo de tornar-se um alcoólatra.

Mas se você é daqueles que somente bebe para fazer companhia, do tipo "socialmente", já deve ter presenciado muitas cenas cômicas, como também muitas cenas tristes. Brigas, tiros a esmo, choradeira, strip-tease, vômitos, etc, são comuns de acontecerem nas festas onde todos bebem sem limites. Para você que não bebe e assiste tudo, sempre fica a preocupação do que poderá acontecer de grave com os amigos, ou que providência tomar para que pelo menos alguns deles cheguem bem em casa.

Espero, no entanto, que você jamais aja como um verdadeiro aproveitador.

Somente os cafajestes embriagam uma mulher, seja ela quem for, para tirar-lhe proveito.

Lembre-se que uma pessoa alcoolizada não está em posse de suas faculdades mentais. Uns são agressivos, outros depressivos e outros festivos. Seja qual for a forma de agir de um alcoólatra, ele sempre estará precisando de ajuda. Então, ajude-o.

Fumo

O fumo (lê-se cigarro), se fosse encarado como uma forma de prazer e relaxamento consumido somente em pouquíssimas quantidades e nas horas mais calmas do dia, deitado numa rede no final da tarde, por exemplo, não causaria graves riscos à vida do consumidor.

Mas, por causar dependência, quase sempre o que se vê são pessoas desesperadas por um cigarro, não importando hora, local e ocasião.

O odor da fumaça impregna roupas, cabelos, pele, mãos, unhas. Os fumantes não se dão conta do cheiro forte que permanece no ambiente por vários dias, principalmente nos locais com pouca ventilação.

Se estiver habituado a dirigir fumando, tome cuidado para não sofrer ou cometer acidentes. Segundos desviados para acender um cigarro, ou limpar as cinzas derrubadas pelo vento poderão causar sérios acidentes. Além disso, queimadas são causadas por "bitucas" lançadas nos matos que ladeiam as estradas.

Perto das pessoas que não fumam, cuide para que a fumaça não se dirija para elas.

Nos restaurantes, acenda o cigarro somente quando for servido o cafezinho e nunca antes. Ou você aprecia o aroma da comida, ou do cigarro.

Procure ter sempre pastilhas refrescantes no bolso. Para quem não fuma, beijar um fumante inverterado pode não ser muito tentador, principalmente se o fumante está muito tempo sem comer algo.

Se você pensa que fumar é elegante, demonstra segurança e atrai as mulheres, fique certo de que esta fase já terminou. Na atual era ecológica, com todos os esforços voltados para a preservação das espécies, o cigarro perdeu seu papel de sofisticação e modernidade. Hoje, busca-se os hábitos simples, naturais e saudáveis.

De bonito nos cigarros, somente os filmes publicitários.

HOMEM OBJETO

A mulher descobriu que também curte o homem objeto como diversão e um "toque" de vingança contra aqueles que sempre fizeram da mulher seu objeto de prazer.

O homem sentiu que a mulher está de fato rompendo com o que lhe foi imposto desde a colonização — ser exclusivamente esposa, amante e mãe — sem permitir-se a viver seus desejos e suas paixões.

Iniciei este livro justamente para alertá-lo de que não é somente o homem que deseja encontrar a mulher de seus sonhos. Essa mulher também deseja encontrar seu príncipe encantado.

Ela não quer somente segurança ou mudança de casa. Ela quer viver seus sonhos, suas fantasias e tê-los realizados durante o resto da vida.

... e foram felizes para sempre...

Essa frase traduz o desejo de querer a segurança através da felicidade e harmonia em cada dia de sua vivência juntamente com o homem que saberá trilhar com ela o mesmo caminho.

A mulher hoje não deseja casar por casar — lavar, passar, cozinhar e se vestir de sobras do dinheiro do marido. Ela quer viver tudo o que sonha e não somente o pouco que podem lhe oferecer. Obviamente, muitas continuarão a casar e a fazer casamentos infelizes, sem graça, sem perspectivas por medo da solidão. Para estes casos o homem objeto vem conquistando espaço.

Os tempos são outros e principalmente nas grandes cidades ser solteira não é mais um caso pejorativo de "tia" e sim uma questão de opção. Continuar solteira é o desejo de muitas mulheres que preferem sua própria companhia a ter que dividi-la com quem não sabe valorizá-la adequadamente, mesmo que sempre continue com a esperança de um dia encontrar sua outra metade.

Este é um período de transição com a mulher ainda se dividindo e se sentindo culpada por querer ser a rainha do lar e, ao mesmo tempo, abraçar o mundo com novas experiências.

Num futuro próximo, as mulheres terão seus limites ampliados e diferenciados dos moldes atuais, não será mais possível retardar essa mudança. Elas passarão a ser mais autênticas e mais exigentes porque terão a certeza dos seus reais valores e poderes.

ATO SEXUAL

O ato sexual entre homem e mulher que se amam, é a maior expressão de carinho existente entre eles.

Compartilhar o prazer físico trás emoções indescritíveis que somente os verdadeiros amantes saberão usufruir. Se feito entre aqueles que se gostam, que se respeitam e que são felizes com essa união, deve ser encarado como uma dádiva.

Dádiva sim, porque compartilhar desse momento com pessoas de que não gostamos o suficiente poderá ser tarefa difícil, quase insuportável. Quando existe amor, é possível a completa satisfação do corpo e espírito.

Você talvez não entenda porque certas mulheres se resguardam tanto, evitando, ao máximo, o sexo. Não se esqueça, porém, de que a educação feminina de outrora permanece arraigada em seus tabus.

Um dos motivos da mulher preservar-se é justamente por ser ela a grande responsável pelo controle da natalidade. É a mulher que engravida e, para alguns homens, essa responsabilidade de gerar parece, única e exclusivamente ser um descuido feminino.

A mulher leva nove meses para ter um filho e você já calculou quantos filhos o homem pode fazer nesse mesmo período?

Poucos de vocês se dão conta do que é estragar o corpo com pílulas anticoncepcionais, ou faz idéia do prejuízo à vaidade feminina, que passa a ter manchas no rosto, pêlos nos lugares nunca imaginados, inchar como se tivesse engordado de uma só vez, estourar varizes pela perna, sem contar os enjôos matinais. Muitos simplesmente se recusam a usar "camisinha" por ser ela muito incômoda!! Imagine se tivessem que se preocupar com uma menstruação atrasada, sempre que duvidassem da eficácia dos preventivos? Com certeza pensariam duas vezes antes de ir para cama com qualquer uma.

A mulher gosta de sexo e sente necessidade em ter e dar prazer, tanto quanto o homem, e, em certas ocasiões, fica difícil resistir ao apelo masculino. E é nesse momento que a coisa pode se complicar.

Atos inconseqüentes podem destruir uma vida.

Muitas mulheres, quando gostam de alguém, são quase obrigadas a compartilhar de seus corpos, sem estarem preparadas o suficiente para a relação sexual, por medo de perderem seus companheiros. E perder o homem é o que sempre ocorre com aquela que reluta em relacionar-se fisicamente nos primeiros encontros, o que prova que, nesse caso, o homem está apenas interessado na satisfação carnal.

O que muitos homens não sabem é que grande parte das mulheres mais experientes e que procuram uma relação mais madura e duradoura, recursar-se a ter uma "transa", funciona como teste para selecionar seus pretendentes. Se, após algumas recusas eles continuarem a querer vê-las, é sinal de que não-somente o prazer físico é importante. Contudo, se a recusa fizer com que eles sumam de vista, é prova de que apenas o sexo importava. Apesar das inúmeras decepções sofridas, as mulheres coerentes sempre possuem a certeza de ter tomado a melhor decisão.

Comum é encontrarmos homens que, ao saberem do receio de sua parceira em praticar sexo, por ainda serem virgens ou por não terem tomado as devidas precauções, propõem que estas experimentem o "sexo anal".

Gostaria que ficasse bem claro o que direi a seguir, como um alerta à preservação da saúde e não por conservadorismo:

Homem e mulher fazem parte da fauna terrestre. Somos animais e como todo ser vivo, devemos procriar para preservarmos a nossa espécie. O ato sexual então deveria ser utilizado somente para essa finalidade, tese que é defendida pela grande parte das religiões. Essa tese não está errada, visto que para impedir o nascimento de um bebê, foram inventadas técnicas nem sempre eficientes, que prejudicam a saúde, principalmente a da mulher.

O ser humano, no entanto, sabe que o prazer é gostoso e que, se é possível atingir momentos de felicidade através do sexo, porque haveria de ser pecado? E não é, desde que, de fato, o ato sexual seja encarado com: "fazer amor", ou seja, algo mais do que simplesmente um prazer momentâneo.

Sexo virou um vício e como todo viciado, quanto mais melhor, certo? Errado. O prazer sexual não está na quantidade, mas sim na qualidade. É a qualidade que impede o surgimento das doenças venéreas, por exemplo.

O corpo humano foi desenvolvido para a cópula perfeita e harmônica entre o órgão sexual masculino e o órgão sexual feminino. O ânus é o orifício por onde saem os excrementos do corpo, expelidos juntamente com inúmeros micróbios e bactérias transmissíveis.

Em uma verdade nua e crua, o ânus é a fossa do corpo, ou seja, o local mais sujo. Imagine, então, que quase sempre o sexo oral está presente nos relacionamentos de quase todos os que fazem o sexo anal e esses, em sua maioria, são os que contraem e transmitem doenças.

Entre quatro paredes, na intimidade, duas pessoas podem fazer de tudo, desde que haja respeito e querer. Ninguém deve ser forçado a fazer aquilo que não gosta. Ninguém tem o direito de usar a força para obter aquilo que deseja.

Amar e fazer amor, são termos romanceados para quem tem a sorte e a felicidade de poder dividir momentos de prazer intensamente, sem pudores e sem medos.

Amar é fazer estourar dentro do corpo um vulcão que vem para incendiar tudo, mas que depois, adormece em vigília.

Por essa razão, valorize seu corpo, sua mente, seu sexo, tenha cuidado com a escolha de sua parceira: dificilmente sabe-se o que está escondido dentro do nosso próprio corpo, quanto mais no corpo alheio.

Se por sorte você estiver namorando firme e esse namoro estiver se encaminhando para o ato físico e se sua companheira for virgem, ou nunca tenha tomado pílulas, marque uma consulta com um ginecologista para ela e procure se inteirar de como foi a consulta. Você entenderá melhor o corpo feminino e respeitará a pessoa a que se dispos a amar, sem riscos.

São necessárias precauções para se ter prazer sadio e seguro, sempre.

VI
ATIVIDADES SOCIAIS

CONVERSAS

No dicionário — conversar é comunicar-se ou trocar idéias ou informações em geral, falando, ou seja, é um meio de manter-se atualizado, de aprender e ensinar através da fala.

Para que você consiga transmitir e processar uma conversa, você deve ter idéias elaboradas sobre o assunto. Deve saber expressar-se com clareza.

Quando se mantém uma conversa, é imprescindível saber para quem se está falando. Você deve mudar a maneira de falar, conforme a necessidade: família, crianças, local de trabalho, pronunciamento, namoro, etc, visto que os ouvintes são diferentes, em contextos também diferentes.

É comum encontrarmos certos profissionais que parecem estar sempre em local de trabalho, por somente conversarem sobre temas técnicos e por imaginarem que todos adoram suas exaustivas dissertações, não importando hora e local.

Da mesma forma que outros usam gírias e palavrões em cada frase dita, sem se importarem com os ouvintes, que poderão ser crianças, senhoras, mães, namoradas, avós, etc.

Entre amigos, procure manter uma conversa descontraída, já com os mais velhos uma conversa respeitosa. Com crianças faça uso das palavras leves e de fácil entendimento. Na empresa empregue conversas técnicas, sábias e objetivas. Nos pronunciamentos use palavras firmes, seguras e mais cerimoniosas. Com a namorada, um toque de cumplicidade.

Nas conversas honestas e proveitosas, você encontrará a solução de muitos problemas. Quando estiver conversando procure retirar todas as dúvidas, evitando que as más interpretações persistam.

As conversas entre pessoas amigas ou não, sempre flui quando há o interesse mútuo pelo assunto. É necessário, no entanto, que você esteja sempre atualizado sobre tudo o que acontece no mundo e não somente sobre o que acontece na família ou no trabalho. As informações estão nos meios de comunicação, televisão, rádio, jornal, revistas, etc, bem como nas pesquisas, nos livros, nos cursos, nas tradições do povo.

Ao ler uma informação é preciso entendê-la corretamente, colocando-se no lugar da defesa e da acusação. Com imparcialidade, consegue-se expressar mais acertadamente sobre os diversos assuntos polêmicos.

Se você é um homem tímido, sente dificuldade em expressar-se e, para complicar, trabalha em local fechado com poucas pessoas, ou mora só, sem ter com quem conversar, aprenda a ler em casa, alguns trechos de leitura em voz alta. Leia e pronuncie corretamente, sem pressa. Escute sua voz constantemente para não ter vergonha de soltá-la, quando em público.

Se o seu problema for assunto, procure pesquisar e ler, inicialmente sobre dois temas. Você perceberá que, quando estiver pesquisando aparecerão, no seu dia-a-dia, vários fatores ligados a esses temas. E não pense que é mera coincidência. Acontece que você está abrindo sua mente para aquilo que não conseguia enxergar, sem auxílio. Todos os assuntos estão interligados porque foram criados ou descobertos pelo ser humano.

Se você tiver problemas serios, procure por especialistas. Saiba que muitos políticos fazem curso de oratória para poderem transmitir uma imagem segura. Observe que, quando alguns políticos fazem seus pronunciamentos, os mesmos utilizam-se de recursos idênticos, através dos gestos das mãos. Falar corretamente necessita de treinamento e o "timbre" de voz pode ser trabalhado para que se aprenda a impostar a voz corretamente.

Muitas pessoas que não sabem conversar procuram contar suas experiências para os diários, outras pagam verdadeiras fortunas aos psicanalistas por uma sessão de conversa. Conversar é terapia. Resolve os transtornos causados pela ansiedade, incompreensões e traz soluções para problemas, além do poder de se cultivar uma amizade.

Nas páginas anteriores eu afirmava que toda mulher inteligente não gosta somente de beijos e abraços, e que o homem deve ter o que prenda a atenção dela nos interlúdios dos contatos físicos. A mulher experiente gosta de conversar e de aprender.

Talvez você se lembre, através das histórias, que os homens romanos e gregos buscavam nas casas de banho, os momentos de prazer que uma boa conversa podia oferecer fora de casa. Naquela época, somente as mulheres das tais casas de banho tinham acesso à instrução, sendo que à esposa cabiam apenas a satisfação carnal, filhos, cuidados com o lar e o recebimento de ordens do esposo, sem direito a questionamentos. Embora fosse cômodo possuir uma "empregada fixa" no caso, a esposa, a falta de diálogo gerava insatisfações no homem.

Hoje em dia, um casamento ou relacionamento não sobrevive em harmonia se o casal não souber conversar. É comum encontrarmos casais que mantêm uma falsa conversa, daquelas que nada dizem. Muitos utilizam a fofoca apenas para ter o que dizer.

Pode-se manter uma conversa leve, humorada e despretenciosa entre casais, sem, necessariamente colocar outras pessoas no banco dos réus.

As fofocas de pessoas ou, até mesmo, das personalidades, atentam para a privacidade do ser. Ninguém tem o direito de julgar sem fundamentos e sabedoria de causa as atitudes dos outros.

Evite fofocas. Você nada ganhará com intrigas alheias. Existem inúmeras coisas mais interessantes para prender a atenção de uma pessoa, sem que necessite utilizar golpes baixos.

Agora, se você deseja tornar-se um contador de histórias, daqueles que sempre têm um caso interessante para relatar, uma das dicas é procurar viajar o máximo possível, para diferentes lugares. Nessas viagens observe tudo e curta cada acontecimento sendo ele bom ou não. Guarde na memória os fatos para poder compartilhá-los com outros em situações oportunas.

Algumas regras são úteis para que a conversa flua. Antes de procurar corrigir-se, sem que os outros notem, procure analisar criticamente o modo de falar, de se postar e principalmente o conteúdo das conversas. Verifique de que tipo é a troca de informações e se ela consegue trazer-lhe algo de positivo, mesmo um simples divertimento. Essa crítica deverá ser pessoal para não incomodar os participantes. Em seguida, avalie-se no mesmo contexto.

1. Você pode não gostar de conversar, mas terá que fazê-lo corretamente sempre que necessário, principalmente no que se refere à família.

2. Nos momentos difíceis, quando não estiver de bom humor, tome cuidado para não magoar os que o rodeiam com palavras ríspidas, bruscas, rancorosas. Se isso for inevitável, saiba redimir-se.

3. Para manter um diálogo são necessárias duas pessoas. Não queira ser único. Pessoas que falam demais são inoportunas.

4. Melhor atitude quando não se sabe ou não se tem o que falar é ficar calado.

5. Procure colocar suas opiniões sem imposições. Saiba respeitar as opiniões dos outros.

6. Espere sua vez de falar sem cortar o outro.

7. Se não souber do que falam, procure manter-se calado e escute com interesse, e, se solicitado a dar sua opinião, não minta, diga que não está inteirado do assunto, contudo, faça perguntas para começar a inteirar-se.

8. Não fale mentira sobre o que desconhece. Mais cedo ou mais tarde você cairá em contradição.

9. Quando estiver conversando em público, inclua todos na conversa. Olhe nos olhos dos ouvintes como prova de atenção.

10. Boate ou discoteca, por exemplo, não são locais indicados para uma conversa séria em função do barulho, da penumbra que deforma as feições e da bebida, que altera o estado emocional.

11. A discussão — "bate boca" acontece em decorrência de uma má conversa, da imposição de idéias, da incompreensão e do egoísmo.

12. Fale de coisas boas e positivas, principalmente nos horários das refeições ou festas.

13. Demonstre paciência e compreensão com os que necessitam.

14. Quando estiver conversando com pessoas menos íntimas, evite tocá-las a todo o instante com pequenos tapinhas. Essa atitude é extremamente irritante para quem as recebe, podendo comprometer a beleza da conversa.

15. Termos como "amorzinho", "benzinho", "querida", "paixão", "flor", etc, devem ser utilizados somente por e para as pessoas muito íntimas e em conversas informais. Nunca com clientes.

16. Conversar é uma das melhores coisas. Aprenda a jogar conversa fora. Desabafe sempre que sentir vontade e as tensões desaparecerão.

17. Quando estiver conversando em público, demonstre respeito com todos igualmente, incluindo sua mãe, irmã, esposa e namorada. É comum encontrarmos homens arrogantes, que dirigem a palavra rispidamente para as pessoas que julguem inferiores. "As famosas patadas."

18. Nunca exponha sua privacidade na roda de amigos. Você nunca saberá quem será a próxima vítima, quando não estiver presente. Geralmente as pessoas adoram uma fofoca.

19. Cinismo, piadinhas de mal gosto e arrogância, servem para diminuir quem as usa com freqüência.

20. Evite contar vantagens do número, nome, marca e local das coisas adquiridas ou freqüentadas por você. Caso contrário poderá ser confundido com um "esnobe", metido ou aparecido.

21. Antes de iniciar uma conversa difícil, respire fundo para manter a calma e procure ser o mais objetivo possível.

22. Conversas sérias não devem ser interrompidas. Tome providências para que nada, nem ninguém, interrompa.

23. Não perca a postura de seriedade quando for necessário. Use a tática do jogo de damas: "Dê uma peça, para depois ganhar outras três". Espere pelo momento oportuno de expor suas versões.

24. Esforce-se para ser um bom ouvinte.

CONVERSA EM LOCAL DE TRABALHO

Talvez você acredite que não precisa cuidar da forma com que vem mantendo a comunicação com seus colegas de trabalho. Todavia, cuidados sempre serão importantes se com você trabalharem pessoas que queiram ocupar seu cargo.

1. Conversas banais, somente nas horas vagas, mas sem deixar transparecer suas inseguranças.

2. Nas empresas, tempo é dinheiro. Seja sempre objetivo, principalmente nas reuniões.

3. Conversas técnicas devem ser diferenciadas conforme os níveis hierárquicos.

4. Falar mal de outros funcionários ou instigar que outros falem é sinal de incompetência e inveja. Converse sobre utilidades.

5. Nunca pense que, por estar há anos na empresa, é um "expert". Procure ouvir sobre as novas tendências para que esteja sempre atualizado.

6. Em uma empresa, problemas não devem existir, apenas soluções. Falar ou fazer coisas ruins leva o mesmo tempo que as coisas boas. Então não perca tempo com inutilidades e retrocessos.

CONVERSA COM CRIANÇAS

Poucos sabem conversar e entender uma criança. Ela tem muito a ensinar por ser honesta e interessada.

Criança gosta de ser levada a sério, portanto, procure ser coerente sempre. Ao falar use o português correto, nada de "au au", "papinha", "papá", "picoca", "aua".

É importante ensiná-la a falar corretamente no início do aprendizado, contudo, não force para que ela o imite. Você fala corretamente e ela irá entendê-lo. Não precisa usar a linguagem infantil.

Tenha muita paciência, mas seja enérgico sempre que for necessário. Procure impor-lhe limites, visto que a criança fala o que pensa e repete com precisão e crueza o que ouve. Tome cuidado com o que falar próximo a ela, evitando, assim, muitos "mal-entendidos".

Lembre-se de que você foi criança e que, naquela época, você adorava a atenção dos mais velhos, principalmente dos que você idolatrava. A criança poderá tê-lo como modelo, por essa razão, nunca a decepcione.

CONVERSA AO TELEFONE

Poucas são as pessoas que sabem como utilizar o telefone corretamente. Uns literalmente "morrem" com o aparelho no ouvido, outros não sabem viver sem ele, há aqueles que sentem uma grande dificuldade em se expressar através dele.

Na era do telefone celular, mais do que modismo, muitos viraram neuróticos. Com receio de não ser localizado a qualquer momento, tem usuário que não se contenta em possuir um único aparelho. Se você for um desses, procure desligar-se dele de vez em quando, afinal, por mais importante que ele seja na atualidade, somente terá seu real valor se de fato for bem utilizado.

O bom senso, que faz a vida caminhar para o que julguemos mais correto, deve ser empregado também no uso do telefone.

1. Chamadas telefônicas, nas residências, nunca antes das 10.00h e nunca depois das 22.00h, a não ser em casos especiais e imprescindíveis.

2. Seja breve, preciso. O telefone é utilitário, deve estar sempre desocupado.

3. Fale somente o necessário, principalmente com as pessoas que você vê a todo instante.

4. Não ligue para namorar em locais de trabalho. E se não houver outra forma, marque horários e dias que não sejam de grande movimento nas empresas, ocupando o mínimo de tempo. Sempre com permissão dos superiores.

5. Brincadeiras tipo: "Sabe quem está falando?", "Adivinha quem é?" ou então: "Está reconhecendo minha

voz?", podem causar, além da perda de tempo, muitos transtornos.

6. Conversas sérias devem ser discutidas pessoalmente e não por telefone, principalmente se forem assuntos pessoais.

7. Ao falar com pessoas que não sejam amigas, nunca use termos como: gata, querida, amor, benzinho, etc.

8. Tenha sempre à mão papel e lápis para anotar recados, para não perder tempo procurando-os.

ENCONTROS OU CONVITES

Ao receber um convite ou marcar um encontro, você deve saber como agir, demonstrando a sua boa educação. Vários são os compromissos sociais que você poderá ou não aceitar, conforme seu interesse ou necessidade.

Um simples encontro com amigos, um encontro romântico, uma festa, um lual, entre outros, merecem as mesmas atenções e cuidados.

Inevitavelmente, qualquer compromisso será agradável se você estiver presente e souber a dosagem certa do bom senso — o tempo certo de permanência, o tipo de freqüentadores, a atenção às coisas boas, ser tolerante e simpático, afinal, o ambiente é você quem faz.

Você não deve sentir-se obrigado a fazer aquilo que não sente prazer, mas deve entender que também não tem direito de forçar os outros a quererem fazer o mesmo que você.

Ao marcar um encontro com uma mulher, com o intuito de conhecê-la melhor, procure primeiramente saber se ela possui o mesmo interesse em conhecê-lo.

Procure saber do que ela gosta dança: comida, cinema, show, parques, museus, barzinho, praia, etc.

Sabendo dos gostos dela, ficará mais fácil sugerir algum programa que agrade a ambos e que esteja dentro de suas possibilidades econômicas. Embora a mulher esteja mais emancipada, o cavalheirismo impõe que quem convida pague a conta.

Uma vez que é você quem estará convidando, por não conhecê-la mais profundamente, será muito elegante da sua parte oferecer para pagar as despesas. Obviamente, se não estiver em condições de gastar, procure convidá-la para programas que não sejam dispendiosos. Existem opções que poderão agradar a uma mulher, mais do que qualquer noite sofisticada em um lugar badalado.

Um passeio de bicicleta, uma caminhada pelo parque ou calçadão, visitar museus, beber uma água de coco no fim de tarde, comer um doce, tomar um sorvete, são sugestões simples, mas de grandes prazeres e futuras recordações.

Provavelmente você poderá encontrar mulheres que não gostam das coisas simples ou até mesmo você prefere a sofisticação, então, esteja preparado para arcar com as despesas que, provavelmente, serão muito dispendiosas.

Infelizmente a maioria das pessoas consideram um encontro como algo a ser realizado unicamente à noite. Durante a semana, quando todos estão trabalhando, nem sempre restam outras opções, mas o que dizer das tardes dos fins de semana, ou feriado prolongado?

Um dos fatores que deixam a mulher insegura é quando o homem que ela não conhece muito bem, convida-a para sair sem dar a certeza de onde pretende levá-la.

Muitos esperam encontrá-la vestida para só então definir qual o melhor local para o tipo de roupa que ela está vestindo.

É importante que você seja decidido ao fazer qualquer tipo de convite. Para a mulher é necessário ter a certeza de estar vestida adequadamente para a ocasião, sem contar a afinidade com o seu próprio traje.

Talvez você ainda não tenha passado pela experiência de estar vestido esportivamente e ela, ao contrário, superproduzida. Sem dúvida é um acontecimento muito constrangedor.

A camaradagem surgida entre ambos é a recompensa por você não ter descuidado dos primeiros encontros, que são sempre os mais difíceis e trabalhosos.

Embora a rotina para alguns seja sinônimo de monotonia, faça com que pelo menos os seus encontros sejam sempre diferentes.

Ao marcar esses primeiros encontros com uma mulher, e se estiver realmente interessado em agradá-la, procure tomar algumas informações como forma de se precaver contra os imprevistos desagradáveis.

1. Certifique-se do que ela gosta de fazer, ouvir, comer, curtir, etc.:

— dançar: em boates, danceterias, lambaterias, sambão, samba ragee;

— comida: simples, elaboradas, massas, carne, vegetariano;

— shows: rock, pop, MPB, ragee, samba;

— música: clássica, jazz, rock, MPB;

— teatro e cinema: comédia, drama, suspense;

— ao ar livre: praia, campo, passeios, ciclismo, parques.

Logicamente você saberá questioná-la. Dentro das opções que são do seu agrado, faça a sua sugestão. Afinal de que adiantará querer impressioná-la agradando-a inteiramente se você não estiver igualmente feliz com a escolha.

Ao responsabilizar-se em pagar a conta dos dois, não encare este gesto como exploração, porque uma mulher que se preze não faz disto um ato contínuo, a não ser que você faça questão.

O ato de "rachar a conta" ou, ora um paga, ora outro, será melhor aceito se houver a camaradagem, amizade ou intimidade entre ambos. Ou então, quando o compromisso for profissional.

2. Quando definir um local para levá-la, não esqueça de pesquisar antecipadamente (caso você não conheça o local):
— os preços: se aceitam cheques, cartões de crédito com os quais movimenta, vales refeições, vales culturais;
— horário e dias de funcionamento;
— se aceitam reservas antecipadas;
— se possui estacionamento fácil, manobristas;
— se tem facilidade de acesso, condução próxima;
— se há necessidade de adquirir ingressos com antecedência;
— se são permitidas bicicletas, cachorros, crianças (caso os locais sugeridos sejam praia, clube, parque, praça);
— qual a vestimenta apropriada (terno, gravata, sapato, bermuda, etc).

São inúmeras as situações constrangedoras que você poderá evitar se tomar algumas precauções antes de marcar um encontro. Isso se faz necessário face aos muitos casos onde homens são barrados em restaurantes por não estarem trajados adequadamente. Pessoas que desejam passear com seus cachorros nas praias sem questionar qualquer tipo de proibição. Outros que insistem em pagar com um determinado cartão de crédito não filiado àquele estabelecimento, causando muito transtorno.

Outros indivíduos falam maravilhas de um local que serve as melhores comidas, mas, quando chegam à porta do estabelecimento, encontra-se fechado ou então com uma lista de espera infindável. Papel feio fazem os inoportunos que se esquecem de que o restaurante é uma empresa comercial, com horário de abertura e fechamento e pensam que podem estender seus compromissos por tempo indeterminado, extrapolando o horário de trabalho dos funcionários do estabelecimento.

Depois do encontro ser marcado, você terá que adotar algumas medidas para que ele seja o mais agradável possível para ambos.

O primeiro passo é ser pontual, sempre.

Se você ficou de pegá-la em casa com seu automóvel, providencie para que ele esteja limpo por fora e, principalmente, por dentro. (A não ser que ela saiba que você é praticante de rally ou se estiverem indo para um passeio em estradas de terra.) Verifique se os bancos não estão cheios de bugigangas; pastas, roupas, tênis, chuteira de futebol. Se não tiver onde deixar suas "tralhas", coloque-as no porta-malas.

Se você tiver que aguardá-la no automóvel, não esqueça de ir ao encontro dela no percurso do portão até o veículo. Abra a porta sem constrangimento, para que ela entre. É uma das coisas que mais agrada a mulher.

Se ela estiver carregando um casaco, bolsa ou qualquer outra coisa, ofereça para colocar no banco traseiro, para que ela se sinta mais a vontade.

No primeiro encontro, quando não tiver certeza do gosto musical dela, ao ligar o rádio, coloque-o no volume baixo, apenas como fundo e procure por uma música neutra, gostosa, sem ser muito romântica, por traduzir algo mais que um primeiro encontro, nem muito barulhenta, do tipo heavy metal. E não esqueça de perguntar se ela está de acordo, afinal, ela é sua visita.

Peça delicadamente que ela coloque o cinto de segurança. Muitas, acostumadas a utilizá-lo não o farão com receio de insultá-lo (mentalidade dos homens brasileiros que não se importam com a obrigatoriedade do uso do cinto).

O uso do cinto é obrigatório e prova que você se preocupa com a segurança de ambos.

Você estará sendo analisado ao dirigir, por essa razão, dirija com respeito à sua companhia, às pessoas que o rodeiam e principalmente a você mesmo.

Não seja um moleque irresponsável, acelerando demasiadamente, tirando "finas" querendo provar que é um "ás" do volante ou um verdadeiro "boyzinho". Pessoas adultas e seguras de seu poder não precisam chamar a atenção sobre suas existências.

Supondo que você esteja sem carro e decidiram pegar um ônibus — uma ressalva, se você jamais imaginou-se dentro de um coletivo na companhia feminina, não se esqueça de que em muitos países, inclusive os do primeiro mundo, esta é uma prática comum e bem aceita, ainda mais se você for um turista.

Ao sentar, deixe o lado da janela para a mulher, por três motivos: Primeiro, para protegê-la de prováveis aproveitadores caso a condução esteja lotada; segundo, porque poderá ceder seu lugar aos idosos, senhoras grávidas e crianças; terceiro, porque você terá que ir na frente abrindo caminho (se houver necessidade) e ampará-la na escada durante o desembarque.

Ao fazer uso de transportes coletivos é conveniente possuir dinheiro trocado.

Uma boa solução é a de marcar o encontro em local determinado, de forma que cada um providencie seu próprio transporte. Nesse caso a pontualidade é fundamental.

Na escolha de um restaurante ou bar, por exemplo procure:

— colocar-se atrás dela ao entrar;
— abrir as portas e dar passagem às pessoas mais idosas também;
— se a mesa for sugerida pelo maitre ou garçom, pergunte se ela está de acordo com a escolha;
— esteja preparado para puxar-lhe a cadeira caso o maitre ou garçom não o faça;
— caso conheça o cardápio e o tipo de serviço deste estabelecimento, ofereça algumas sugestões;

— evite fumar à mesa caso ela não fume. Se isso for impossível, pergunte se ela não se incomoda.

Para os passeios a pé, bicicleta ou a cavalo, deixe o lado mais seguro para as crianças, mulheres e idosos. Na calçada convém que você caminhe do lado da rua.

Tenha sempre essas regras no seu dia-a-dia para as mulheres de modo geral, incluindo sua "maior" inimiga.

O cavalheirismo, embora sofra alterações conforme as épocas e regiões, ainda constitui papel fundamentalmente masculino. Alguns homens valeram-se da suposta igualdade feminina para abolirem os nobres atos da postura masculina.

Ser um "gentleman" é ser um homem que respeita e admira o lado feminino da mulher; é tratá-la como se trata um amigo, um ser querido; é ter a consciência de que ambos estão do mesmo lado, em extrema igualdade.

Pense que não combina com uma dama ocupar as funções do cavalheirismo, do mesmo modo que, extinguindo-se essa função, a sociedade perde um pouco do respeito e da bela arte de saber agradar.

Obviamente, você aprenderá a ter seu próprio estilo de maneira a ser o mais natural possível. Todos os gestos de cavalheirismo devem ser imperceptíveis, sutis, para que você tome gosto por ser sempre gentil, cortês e admirado por si mesmo, para depois ser notado pelos outros.

No mundo envolto em guerras, corrupções, egocentrismos e violências, mais do que nunca os homens e mulheres devem aprender a respeitarem-se.

FREQÜENTANDO RESTAURANTES MAIS SOFISTICADOS

Às vezes você tem condições financeiras para freqüentar bons restaurantes, mas não os freqüenta com receio de fazer algum "papelão" intimidado pelo tipo de ambiente, não é verdade?

Comer em restaurantes é um dos grandes prazeres da vida, desde que se tenha dinheiro para pagar por boa comida e bons serviços. Todos, inclusive os mais pobres, desejam a riqueza durante um único dia de suas vidas, para sentirem o gosto de ser servido, em ambientes de extremo requinte.

Pode-se considerar um bom restaurante aquele que oferece bom atendimento, conforto, decoração agradável, boa comida e, sobretudo, muita higiene.

Nesses restaurantes você encontrará, além da qualidade apresentada nos pratos, sempre preparados com o que existe de melhor em produtos alimentícios, o prazer de comer com talheres e porcelanas finas.

Mais do que "frescura", os pequenos detalhes demonstram bom gosto e desejo de agradar os clientes. Quando se freqüenta um bom restaurante, torna-se difícil querer sentar-se em mesas onde a toalha, se não estiver furada ou desbotada, estará sem dúvida, com algumas manchas de gordura. Isso sem contar o cardápio amassado e sujo, demonstrando desmazelo e falta de higiene. Pode ser até divertido quando se é estudante ou turista em algum lugar rústico e isolado, contudo, freqüentar restaurantes sem estrutura não é o que desejamos para o resto de nossas vidas.

Para freqüentar um bom restaurante, não será necessário que você se porte como um lorde. Seja apenas você, com toda descontração possível, para ter prazer.

Não tem porquê tentar se divertir se não estiver sentindo-se bem.

Em todos os restaurantes acontecem infinidades de situações que há muito deixaram de causar constrangimentos. Fatos que para você talvez sejam únicos, acontecem com todos. Derrubar copos, talheres, queimar guardanapos e toalhas, sentir-se mal, engasgar, dar e receber cantadas de clientes por intermédios de garçons, desistir de comer, confundir talheres e copos, cair da cadeira, dormir na mesa, brigar com a namorada, entre inúmeros outros casos, são rotinas nos restaurantes. Não que tudo isso venha a ocorrer num mesmo dia, ou logo na primeira vez que você venha a freqüentar um restaurante de nível, mas muitos desses casos ocorrem com clientes "habitués", tornando-se irrelevantes. Inevitavelmente, existem situações marcantes que ficam gravadas, mas que não deverão amedrontá-lo.

TIPOS DE RESTAURANTES

Os restaurantes, para seu melhor entendimento, estão divididos e classificados conforme os tipos de serviços oferecidos aos clientes. Numa metrópole, por exemplo, você encontrará uma infinidade de estabelecimentos com uma mesma classificação, mas com padrões de qualidade diferenciados.

Poderão ser encontrados:

Restaurantes Internacionais: São os restaurantes que oferecem em seus cardápios a comida universal e comum em diversos países. São pratos tradicionais internacionalizados. Têm um pouco de cada país. Geralmente os hotéis e aeroportos possuem restaurantes internacionais.

Restaurantes Nacionais: Esses restaurantes oferecem pratos de diversas regiões de um mesmo país. Poderá ser brasileiro, francês, italiano, suíço, japonês, etc.

Restaurantes Regionais: Neles são oferecidos pratos tradicionais de alguma cidade, vila ou regiões específicas. No Brasil, você poderá encontrar a cozinha: baiana, mineira, nordestina, etc. Na Itália, cozinha: napolitana, milanesa, calabresa, etc.

Você encontrará, também, os restaurantes com serviços específicos, ou seja, que possuem uma única especialidade como atração principal; pizzarias, churrascarias, panquequerias, sanduicherias.

Os "fast food", como o próprio nome diz, são locais onde o que se procura é a rapidez no atendimento.

Vamos, porém, deter-nos naqueles restaurantes mais sofisticados, que costumam assustar quem os freqüenta pela primeira vez.

MAÎTRE E GARÇOM

Cabe ao maître anotar os pedidos dos pratos e supervisionar todo o serviço. Já ao garçom ficam destinados os pedidos de bebidas e sobremesas, bem como a responsabilidade de servir.

Sempre que solicitar a presença de um maître ou garçom espere que olhem para a sua mesa e um gesto sutil de cabeça e o levantar do dedo indicador serão suficientes para que eles o atendam. No máximo chame "Garçom, por favor".

Nunca estrale os dedos ou use "psiu", porque o funcionário não é um qualquer. Estes gestos são encarados pela equipe como falta de educação e consideração, por parte de clientes desatentos.

Muitos têm verdadeiro pavor da presença do maître ou garçom próximos à mesa servindo-os a todo instante. Sentem-se incomodados com a vigilância cerrada. Em bons restaurantes essa é a prática comum porque a meta é a de servir bem, de maneira que nada falte ao cliente. Todos têm treinamento e aprendem que a presença à mesa é fundamental e, qualquer descuido, poderá prejudicar a imagem do estabelecimento.

Todavia, é comum acontecer do cliente solicitar uma mesa isolada ou então conversar antecipadamente com o maître a fim de não ser interrompido a todo instante.

Saiba que os funcionários sentem-se orgulhosos quando tratados pelos seus nomes e quando o cliente faz questão de ser atendido por eles.

Gorjetas — Esta é uma prática tradicional de gratificar os funcionários pelos bons serviços. Normalmente retribui-se com 10% do valor da conta, todavia, você não será obrigado a dar essa quantia se não tiver gostado do atendimento ou se não constar no cardápio que essa porcentagem faz parte do acordo trabalhista da categoria.

Não tenha vergonha de checar a conta, erros são comuns, inclusive em sofisticados restaurantes. Na dúvida, peça orientação ao maître.

CARDÁPIO OU MENU

Os especialistas em restaurantes alertam que o estabelecimento que possuir um cardápio muito extenso provavelmente não oferecerá boa qualidade na maioria dos pratos. Isso ocorre porque, em todos os restaurantes existem determinados pratos que são mais pedidos do que outros, e pratos que quase ninguém pede. Supondo que você desconheça os serviços do restaurante, poderá acontecer de você justamente pedir aquele prato que nunca saiu. Desta forma, ou os alimentos usados no preparo não estarão com boa qualidade, ou o prato sairá mal preparado em função da falta de habilidade dos cozinheiros em prepará-lo, ocasionando a demora.

Quando acontecer de você ter um cardápio muito extenso, procure saber quais as especialidades da casa e os pratos que possuem mais saída, sem que o maître ou garçom forcem para os pratos mais caros.

Ler o "menu", não é coisa do outro mundo, mesmo que esteja totalmente em francês. Por lei, todos os restaurantes no Brasil, devem possuir a tradução em português. Se isso não ocorrer, solicite a ajuda dos funcionários sem constrangimentos. Lembre-se, a língua oficial do país é o português, sendo que você não deverá ser obrigado a saber outras. Todavia, existem certos termos que são empregados mundialmente e que não possuem tradução, apenas do que são compostos. Exemplo disso é a própria feijoada, que no mundo não tem tradução, ou então, o filé mignon, que por sua própria existência também não necessita ser traduzido.

O cardápio geralmente é divido em etapas:

Entradas:

As entradas podem ser frias ou quentes. Como o próprio nome sugere, elas são compostas de pratos leves e que antecedem os pratos principais. Nas entradas encontram-se as saladas, os caldos, as sopas, as musses salgadas, crustáceos, etc.

Pratos principais:

Compostos por alimentos mais substanciosos, são divididos, basicamente, em massas, peixes, aves, carnes. Conforme a cultura do país, podem existir variações.

Massas: espaguete (spaghetti), lasanha, raviolli, capeletti, fettuccine, etc;

Peixes: linguado, truta, salmão, badejo, haddock, robalo, pintado, namorado, camarões, lagosta, etc;

Aves: frango, faisão, peru, codorna, pato, etc;

Carnes: bovina, — mignon (filé, tornedo, chateaubriand, escalope são variações do corte da carne mais nobre e macia); contra filé, picanha, alcatra, etc; cordeiro, coelho, porco, javali, etc.

Sobremessas:

Compõem o final da refeição com doces, sorvetes, frutas, tortas, musses, etc. A salada de fruta não é muito indicada em alguns restaurantes, devido ao grande manuseio na sua preparação, e ao acondicionamento impróprio, que pode causar a fermentação. Nesse caso, prefira sempre uma fruta.

Café e licor:

Se estes não forem de boa qualidade e sabor, poderão comprometer o jantar. O licor, no fim de toda a refeição, funciona como digestivo.

Em muitos restaurantes as porções servidas são individuais, exigindo que cada pessoa escolha o que mais lhe agrada. Em certos casos a divisão de um prato em dois, será feita na presença do cliente. Convém perguntar, antecipadamente, como são as porções servidas, principalmente se você for um "bom garfo".

BEBIDAS

ANTES DA REFEIÇÃO:

O indicado é solicitar bebidas que abram o apetite: caipirinha, dry martini, whisky sour, daiquiri. O estimulante de apetite normalmente é composto de sucos de frutas ácidas, vermutes, bitters e destilados.

A água, com ou sem gás, acompanha a refeição.

Vinho branco:

O vinho branco é o mais indicado para acompanhar pratos leves — peixes, aves, saladas. Deve ser servido gelado. Geralmente as mulheres preferem os mais adocicados.

Vinho tinto:

O vinho tinto é ideal para acompanhar pratos mais condimentados e as massas. Deve ser servido em temperatura ambiente, todavia, em regiões onde o clima é excessivamente quente, servi-lo até 23°C.

Para os pratos de porções individuais, pode-se solicitar a sugestão de um sommelier (especialista em vinhos) ou maître sobre a escolha de uma garrafa que combine com as variações dos pratos. Em muitos restaurantes são oferecidas taças de vinho individuais para acompanhar cada prato, de acordo com as variedades.

Agora, tome cuidado com a escolha do vinho: dependendo da marca e safra, poderá ter seu preço inacessível.

Cerveja:

A cerveja é uma bebida mais apropriada para acompanhar aperitivos, embora seja muito consumida às refeições, principalmente as mais leves (light).

Atribui-se à cerveja ingerida durante as refeições como a grande causadora das famosas "barriguinhas".

Champanhe:

É a bebida que pode acompanhar uma refeição do começo ao fim, embora muitos prefiram saboreá-la à sobremesa.

COMPOSIÇÃO DA MESA

A ilustração a seguir, representa a montagem completa da mesa, com a colocação uniforme dos talheres, copos e pratos. Esta é a forma básica, para uma refeição completa que inclua entrada, prato principal, sobremesa e bebidas.

Contudo, de acordo com o pedido dos pratos, cabe ao garçom assessorar, colocando, retirando ou trocando os talheres, copos e pratos.

1. Colher base (sopa) — para caldos, sopas, macarrão;
2. Garfo e faca de salada — para as "entradas";
3. Garfo e faca base — para os pratos principais (se for escolhido peixe, nesse local serão colocados os talheres de peixe);
4. Prato de pão;
5. Faca de pão ou manteiga;
6. Garfo de sobremesa;
7. Faca de sobremesa;
8. Colher de sobremesa;
9. Copo de vinho branco (menor);
10. Copo de vinho tinto (médio);
11. Copo de água (maior);
12. Taça de champanhe — tamanho e formato característico (geralmente só é colocado à mesa quando solicitado).

A maior dúvida das pessoas é quanto ao uso correto dos talheres. É simples, basta obedecer à ordem "de fora para dentro", ou seja, usar primeiramente os talheres que estão mais distante do prato.

Você encontrará os garfos do lado esquerdo, sinal de que deverá utilizá-los nessa posição. Por ser mais fácil cortar com a mão direita, a faca fica do lado direito. Comer com a mão esquerda é apenas uma questão de treino, mas, se você tiver muita dificuldade para fazê-lo e costuma "cruzar os talheres", procure fazer da seguinte forma: corte com a faca usando a mão direita, em seguida, deposite-a na borda do prato deste mesmo lado e com a mão direita pegue o garfo que se encontra do lado esquerdo. Não há necessidade de ficar amparando a comida a todo instante com a faca, somente no final.

Observe que a colher está colocada do lado direito, sinal de que deverá ser usada com a mão direita, já que não há necessidade de ser utilizada a faca para tomar a sopa ou caldo.

Com as sobremesas, a mesma coisa.

Os copos ficam do lado direito e do menor para o maior, justamente para facilitar o manuseio.

Se você for canhoto, poderá inverter as posições.

Existem livros que ensinam a arte de comer, todavia, é sempre mais difícil aprender através da teoria. Converse com o maître de algum restaurante e faça uma visita fora do expediente para que ele lhe ensine os detalhes. Mas se isso não for possível, não se desespere, para tudo existe uma primeira vez, com o tempo você se soltará e verá que não é um bicho de sete cabeças.

ALGUMAS DICAS

1. Procure sentar-se ereto na cadeira;
2. Não levante o prato para ser servido;
3. É o talher que deve ir à boca e não a boca ao talher;
4. Não coloque os cotovelos na mesa e ao comer procure mantê-los paralelos ao corpo;
5. Mastigue com a boca fechada;
6. Não fale enquanto estiver com a boca cheia;
7. Lamber os dedos combina com crianças. Use sempre o guardanapo;
8. Evite palitar os dentes à mesa. Procure pelo toalete;
9. Procure não ser o último cliente a sair. Os funcionários também têm horário de trabalho;
10. Jamais suborne um maître ou garçom por uma mesa, você estará contribuindo para que outros façam a mesma coisa, passando inclusive, por cima da sua vez. Se quer ser melhor que os outros, faça a reserva de mesa ou chegue mais cedo;
11. Você estará sendo servido por seres humanos. Agradeça pelo serviço na saída;
12. Somente quem sabe das regras é que poderá quebrá-las.

ALGUNS TERMOS USADOS NOS RESTAURANTES

Breakfast — café da manhã;

Brunch — é a junção do café da manhã com o almoço (breakfast + lunch), que compõe uma refeição leve, em horários próximos ao almoço. Normalmente servido aos domingos, para quem levanta tarde.

Buffet — mesa onde estão dispostos diversos pratos para que as pessoas se sirvam;

Couvert — são os antepastos, pães, azeitonas, patês, servidos antes das refeições;

Happy hour — drinks servidos no fim da tarde, entre 17.00h e 19.00h. Foi inventado nos Estados Unidos, para as pessoas evitarem o horário de grande tráfego.

Lavanda — recipiente colocado à mesa com água morna ou perfumada para que o cliente lave as pontas dos dedos após comer algum alimento gorduroso com às mãos.

Long drink — drink servido em copo longo;

Short drink — drink servido em copo pequeno;

Menu — termo em francês que significa cardápio;

On the rocks — bebida com pedras de gelo;

Open bar — bar aberto. É a montagem de um bar com diversos tipo de bebidas para as pessoas se servirem nas festas, coquetéis, recepções, etc.;

Rechaud — é o fogareiro usado pelo maître para preparar alguns pratos na frente do cliente (normalmente, pratos flambados);

Whisky de 1ª linha (importado) — o malte é envelhecido acima de 12 anos;

Whisky de 2ª linha (importado) — o malte é envelhecido acima dos 8 anos;

Whisky engarrafado — o malte é produzido no país de origem e engarrafado no país que irá consumi-lo;

Whisky Nacional — produzido e engarrafado no próprio país.

A freqüência aos restaurantes é a forma mais gostosa e acertada de se aprender a comer bem. Eles variam conforme as regiões e épocas, estão sempre lançando novidades. Algumas regras modificam-se para adequar às necessidades de cada geração. Estar sempre atualizado e atento aos costumes do local é a maneira de tornar as refeições um divertimento e não um sofrimento.

VII
ECONOMIA DOMÉSTICA

Desde que nasceu você vem aprendendo a viver em comunidade. Boa ou má, a educação ministrada por seus pais e escola o desenvolveu e o transformou no que você é hoje. A não ser que alguém lhe diga claramente em quais pontos essa educação falhou, você dificilmente saberá se está agindo de acordo com o que a sociedade julga ser uma educação adequada.

Mais do que saber ler ou escrever, cantar o hino nacional, decifrar fórmulas matemáticas, a educação prepara o indivíduo para viver em sociedade, desenvolvendo sua cidadania.

As falhas na formação do indivíduo são descobertas quando ele se torna um adulto e, muitas vezes, não se consegue corrigi-las. Essas falhas começam na infância, no seio familiar. Meninos aprendem a brincar com bolas, carrinhos, futebol e praticar alguma luta marcial. Às meninas cabem as bonecas, casinha e a prática do balé.

Ao crescerem as meninas passam a colaborar na limpeza da casa: escolher arroz, feijão, enxugar louça, varrer, tirar pó, fazer a cama, entre outras atividades diárias. Já os meninos se encarregam das tarefas que não são obrigatoriamente realizadas todos os dias: lavar o carro, lavar o cachorro, lavar o quintal, etc.

Embora muitos garotos se disponham a colaborar na execução de algumas tarefas mais femininas, a maioria deles, no entanto, não foi preparada para realizá-las.

Quando não se tem irmãs que colaboram com tudo em casa, normalmente é a mãe que, sozinha, preocupa-se com todos os detalhes, assessorada, de vez em quando, pelo marido. Nesses casos, quando os filhos necessitarem morar sozinhos, afastados do ambiente familiar em função do exército, estudos ou trabalho, terão muitas dificuldades em adaptarem-se às novas experiências: cozinhar, passar, lavar, arrumar, organizar, comprar e pagar. De início acontecerão verdadeiras catástrofes pela inexperiência doméstica e, somente com o tempo, aprenderão o novo esquema.

Outros jovens continuarão a viver em família, com a mãe fazendo sua vontades e deixando tudo à disposição sem que eles necessitem mover uma "palha". Esses serão, por medo, os últimos a aceitarem realizar tarefas que julguem adequadas somente às mulheres.

Caso você seja do tipo acomodado, chegou o momento de mudar sua atitude. Pode ser que na sua residência não seja necessário fazer qualquer coisa porque seus pais se encarregam de tudo, ou porque existem empregados pagos para deixar tudo em ordem, contudo, você é obrigado, pelo menos, a saber como se faz. Você não sabe o dia de amanhã.

E, se por um imprevisto qualquer, você tiver que ficar sozinho por alguns dias ou meses, se for viajar com a namorada ou uma turma de amigos, vai deixar que eles façam tudo por você? Poderá não passar fome, mas suas roupas ficarão sujas ou amarrotadas? E a sujeira, faz de conta que não existe?

Já perdi a conta de quantos feriados terminaram em brigas por causa de um ou outro mais espertinho que quis tirar vantagens dos amigos nas divisões das tarefas. Tenho certeza de que você também já presenciou coisa parecida. Ou é fulano que não lava um copo, ou é beltrano que fica mais tempo na praia e só chega na hora da comida. Tem aquele que não fica sem comer arroz e feijão e faz cara feia quando são preparados sanduíches.

Na ida para qualquer passeio é aquela maravilha, todos ficam em êxtase, colaboram, dão sugestões, todavia, quando se está lá e não se tem mais a expectativa, somente os que aprenderam a viver em comunidade, através das concessões, saberão dar valor ao trabalho em equipe.

De qualquer forma, será que você não gostaria de preparar um almoço gostoso ou um jantar íntimo? Preparar algum sanduíche ou fazer um cafezinho? Não vai me dizer que prefere passar fome a ter que encarar o fogão!

É sabido que quando se domina o lado doméstico, a vida fica mais fácil de ser entendida, bem como se aprende a valorizar quem realiza as tarefas diárias em sua casa. Compartilhar desses momentos com as pessoas queridas e fazer parte de uma rotina que estabiliza e dá segurança, é pertencer a uma família.

Para você que está habituado a colaborar na arrumação da casa e a preparar suas próprias refeições, parece impossível que outros não saibam fazer o mesmo, não é? Pois saiba que muitos homens mimados por suas mães e, posteriormente, por suas esposas, não sabem descascar uma laranja e comem a comida fria para não ter que acender o fogão.

Nesses casos, a falta de uma boa educação funcionou como bloqueio que se traduz no receio de começar e errar nas tarefas que suas mulheres executam com tanta facilidade. Fica mais fácil dizer que não gosta de fazer, do que admitir que não sabe. Tudo isso, aliado ao sentimento de superioridade, forma o machismo ignorante, aquele que não admite ser contrariado.

Em tempos de mudanças, valem algumas dicas de como cuidar da casa. Nada de fórmulas complicadas. Apenas o básico de qualquer manutenção doméstica e sobrevivência.

Aqui não serão abordados muitos outros assuntos, que, obviamente, também fazem parte de uma manutenção mais eficaz: jardins, garagem, consertos, pintura, quintal, etc. Por essa razão, você deve, a partir deste momento preocupar-se com quem está realizando essas tarefas por você. Chegou a hora de encarar que os deveres, se repartidos, facilitarão a vida de todos e não sobrecarregarão apenas uma única pessoa.

Se você mora sozinho, com certeza tem muito trabalho. Nesse caso, você já deve saber como "se virar". Quem estiver pensando em morar só, deve estar ciente de suas obrigações, mesmo que tenha dinheiro para contratar uma pessoa para auxiliá-lo ou diversas empresas que executem o trabalho — tintureiro, faxineiro, passadeira, marmiteira, etc.

Nos dias de hoje, principalmente nas grandes cidades, não está fácil encontrar mão-de-obra para serviços domésticos. Deixar tudo nas mãos de uma pessoa de confiança já não é mais possível, então, recorre-se a essas empresas prestadoras de serviços que, normalmente, cobram preços altíssimos.

Em contrapartida, as indústrias de utilidades domésticas e o comércio, estão, justamente aperfeiçoando seus produtos e serviços, para que possam facilitar a vida dos consumidores que necessitam cada vez mais de tempo para trabalhar fora de casa. Tudo é moderno, higiênico, descartável, prático. Microondas, freezer, lavadoras de roupa e louça, secadoras, multiprocessador, secretárias eletrônicas, microcomputadores, comida congelada, telefone celular, calculadoras, tecidos ultra-resistentes, xampu com condicionadores, garrafas e latas que abrem sem abridores, saldos de banco por telefone, disque isso, disque aquilo, shopping centers, cartões magnéticos para banco, supermercados, telefones, médicos... Tudo criado para facilitar a vida e diminuir o tempo das tarefas.

E quanto mais se criam produtos e serviços milagrosos, menos tempo temos de desfrutá-los. Estamos correndo sempre atrás de algum compromisso importante e sem oportunidade de curtir a vida. Para obter-se tudo o que é moderno vai muito dinheiro, então, temos que trabalhar dobrado para conseguir.

Em tempos de recessão, temos que nos virar e saber onde economizar. Nada de disperdícios. Comece tentando fazer você mesmo.

COZINHAR

Depois que se aprende a preparar o básico numa cozinha, pode-se elaborar desde combinações simples, caseiras, até o mais exótico dos pratos.

É de estranhar que muitos homens ainda tenham a coragem de afirmar que lugar de mulher é na cozinha, sendo que as melhores, as mais conceituadas e famosas cozinhas do mundo são dirigidas por homens, chefes de cozinha.

Além da força necessária para carregar as imensas panelas, muitos chefes, homens, conseguem captar o encanto da transformação dos alimentos, preparando para os clientes, pratos de extremo requinte e sabores inigualáveis.

Cada chefe possui um segredo culinário trancado a sete chaves. Embora muitos possam ter aprendido alguma coisa nas escolas de alimentação e hotelaria, a maioria deles iniciou seus primeiros tentos em casa, queimando panelas, bolos ou preparando alguma "gororoba" que fatalmente iria para a lata do lixo.

No mercado existe uma infinidade de livros culinários, revistas e receitas que ensinam a preparar diversos pratos. Com todos os ingredientes à mão, parece fácil acompanhar a receita, mas quando se tenta decifrá-las pela primeira vez, surgem as dificuldades.

As receitas são como fórmulas matemáticas que os professores obrigavam a decorar. Era somente aplicar o número sobre as fórmulas e obtinha-se o resultado desejado. Com as receitas, porém, será necessário que você saiba construir a fórmula em alguns casos. Melhor exemplificando: de que adianta preparar um risoto de camarão se você não sabe cozinhar o arroz ou limpar o camarão? Ou então, preparar uma salada se você não sabe como cozinhar uma batata?

Quase todas as receitas utilizam alimentos preparados anteriormente.

Participei, certa vez, de uma aula de culinária, ministrada por um dos melhores chefes de cozinha de São Paulo, sr. Pedro Mataró, para algumas senhoras da sociedade paulistana. Para essas senhoras o interessante seria aprender pratos sofisticados e que pudessem ser preparados em suas residências, visto que o alto preço pago nos restaurantes afugentavam até mesmo essa clientela de poder aquisitivo mais elevado, favorecendo, assim, os jantares íntimos entre amigos nas próprias residências.

Nesse dia, o sr. Mataró explicava como misturar o brócolis no arroz que era o acompanhamento de um prato, quando uma senhora comentou com a amiga de forma que eu pudesse escutar " — Eu nunca preparei um arroz quanto mais brócolis.!!".

Imaginei, então, que esta não seria uma dificuldade exclusiva dela, mas de muitas outras pessoas, principalmente homens.

Obviamente, não pretendemos neste capítulo ensinar receitas mais elaboradas porque, a princípio, nossa intenção é aguçar o interesse daqueles que nada sabem sobre cozinha e estão a espera de uma oportunidade de mostrar que não têm medo de começar.

Antes de iniciar a preparação de qualquer alimento, você deve ter alguns cuidados para evitar acidentes e prejuízos, bem como para prevenir doenças:

1. Lavar as mãos;
2. Ter um espaço limpo para a manipulação dos alimentos;

3. Ter uma tábua de carne e uma tábua para cortar legumes e frutas.

Estas tábuas devem ser bem lavadas antes e depois de usadas;

4. Faça a "mise-en-place", ou seja, a montagem antecipada de tudo o que for utilizar, deixando à mão, ordenadamente, para que não tenha que abrir portas de armários, geladeira ou freezer a todo instante;

5. Esteja sempre concentrado naquilo que estiver fazendo para evitar acidentes;

6. Antes de acender o fogão, verifique se não está vazando gás;

7. Ao atender o telefone ou campainha, desligue o que estiver no fogo a fim de evitar acidentes.

Com a prática, cada pessoa adota a melhor maneira de preparar seus alimentos. Uns dispõem de mais tempo e preferem fazer uma refeição na hora, outros são obrigados a deixar tudo semi pronto para facilitar. Há os mais experientes que usam as mesma técnicas de suas mães. Cabe a você desenvolver seu próprio método.

LIMPAR E PREPARAR VERDURAS E LEGUMES

Alface, agrião, rúcula, etc.

Retire as folhas boas para o consumo. Lave-as muito bem em água corrente. Procure deixar que as folhas fiquem de molho em uma solução de água e vinagre para eliminar as possíveis bactérias, por 10 minutos.

O agrião deve ser servido também com os talinhos mais tenros.

Ao temperar a salada, procure fazê-lo no momento em que irá consumi-la, evitando que as folhas fiquem queimadas e murchas. Use limão ou vinagre, sal, e azeite, em poucas quantidades.

As verduras devem ser guardadas na geladeira na parte menos gelada, de preferência em recipiente fechado depois de limpas, para que durem um pouco mais.

Couve-flor e brócolis

Corte todo o maço em pequenos bouquês. Lave com extremo cuidado cada um. Coloque-os dentro de uma panela com água para uma rápida fervura e para evitar que percam suas vitaminas ou que desmanchem.

Pode-se preparar esses legumes temperados como salada ou somente refogando-os na manteiga, ou seja, coloque uma colher rasa de manteiga com um pouco de sal para derreter, em seguida despeje os legumes e mexa delicadamente para que a manteiga incorpore.

Couve-manteiga

Lave as folhas uma por uma aproveitando somente as que não estiverem queimadas. Corte fora o talo na parte mais grossa. Empilhe folha por folha e enrole-as para que fique um canudo. Segure firme para que elas não se soltem e corte-as em tiras bem finas. Coloque-as numa panela com bastante água para uma leve fervura, mantendo sua cor verde escura.

Para refogar a couve, coloque para fritar em uma panela: uma colher de sopa de óleo, dois dentes de alho picados, meia cebola picada, bacon (se tiver), uma pitada de sal e pimenta-do-reino. Em seguida coloque a couve e mexa com um garfo para que o tempero penetre-a (quantidade para um maço de couve do tamanho médio).

Cenoura

Lave a quantidade desejada. Com uma faca raspe a casca retirando a pele. Lave-as em seguida, cortando as pontas. Pode ser digerida crua ou cozida, passada na manteiga. Para saber o cozimento ideal, espete com um garfo para testar a maciez.

Batatas

Lave a quantidade desejada. Descasque-as e cortes-as em tiras (palito), rodelas, cubos ou torneadas.

Fritas — para fritar será necessário que você utilize muito óleo para que fiquem mergulhadas nele. Retire as batatas assim que elas começarem a dourar. Nunca deixe-as no óleo para que não fiquem enxarcadas. Forre um prato com papel absorvente para secá-las.

Cozidas — não precisam ser descascadas antes do cozimento, somente depois (prática utilizada para que as batatas não percam suas vitaminas). Apenas lave-as, coloque-as numa panela com bastante água para o cozimento. Espete com o garfo para sentir a maciez.

O cozimento em panela de pressão é bem mais rápido, normalmente cinco minutos, após o barulho característico da saída do ar. Para saber se estão no ponto, espere até que toda pressão tenha saído, para, só então abri-la, evitando explosão.

No Brasil, com a implantação do Código do Consumidor, todas as empresas são obrigadas a fornecer o máximo de informação sobre seus produtos.

Muitas empresas do ramo de alimentação criaram uma linha telefônica exclusivamente para atender aos consumidores, inclusive no que se refere à preparação dos pratos.

Para nossa sorte, hoje encontramos nos pacotes de macarrão, extrato de tomate, farinha etc, receitas simples para o dia-a-dia e receitas mais elaboradas.

Todavia, se você pretender adquirir o produto a granel ou se transferi-lo para outro recipiente, desfazendo-se da embalagem, deverá saber como prepará-lo sem as instruções. Algumas dicas de preparo básico e obrigatório:

ARROZ (agulhinha)
(para 4 pessoas)

    02 xícaras de chá de arroz
    01 dente de alho picado ou amassado
    1/2 colher de sopa de óleo
    Sal, conforme o gosto
    Água filtrada

Modo de preparar:

    Escolha o arroz tirando as impurezas. Em seguida, lave-o bem, passando por duas águas. Escorra. Em uma panela de tamanho médio, coloque o óleo para aquecer e os temperos para uma leve fritura. Coloque o arroz e deixe-o refogar um pouco, juntamente com os temperos. Acrescente água até que cubra por dois dedos o arroz. Deixe a panela meio tampada para que a água evapore mais rapidamente, e lenta, o suficiente, para que o arroz cozinhe.
    O arroz estará pronto quando não houver mais água e os grãos macios. Caso eles continuem duros, coloque mais um pouco de água e tampe a panela completamente.
    A qualidade do arroz e o recipiente utilizado na preparação influenciam no sabor e consistência. Com o tempo você saberá distinguir um bom arroz.

FEIJÃO

O feijão aos poucos está deixando de ser um prato diário nas residências brasileiras, principalmente metrópoles, em razão do trabalho que se tem para prepará-lo. Pelo pouco tempo que atualmente dispomos, é conveniente cozinhar o feijão em maior quantidade acondicionando-o corretamente na geladeira. Assim, tem-se o feijão para todos os dias.

Modo de preparar:
1 kg de feijão

Escolha e lave 1 kg de feijão (certos tipos e qualidades de feijão necessitam ficar de molho por algumas horas para que amoleçam e favoreça o cozimento e a formação de caldo).

Depois de limpo, coloque-o em uma panela de pressão com água (se ficou de molho use a própria água) de forma que cubra o feijão em cinco dedos (± 10 cm).

Observe se a panela é bem segura e possui o pino de proteção para evitar explosão. Coloque para cozinhar e somente saia da cozinha após a panela começar a expelir o ar pela válvula. (Se demorar a expelir o ar pode ser que algo esteja errado, desligue o fogo.) Deixe o feijão cozinhando por 45 minutos.

Deixe que todo ar saia pela válvula para, somente então, abrir a panela. Verifique se o feijão está macio e do agrado, se não estiver coloque mais água e volte ao cozimento por mais alguns minutos, sem a pressão.

Um método fácil de se temperar o feijão é adicionando na própria panela de pressão, assim que estiver cozido, duas colheres de gordura vegetal, pedaços de bacon ou lingüiça, cinco dentes de alho picados ou amassados, sal à gosto. Acrescente mais um pouco de água e deixe ferver, sem pressão, para que engrosse o caldo e pegue o gosto dos temperos.

Retire o tanto desejado para o consumo do dia e o restante acondicione em recipiente com tampa na geladeira.

Quando necessitar tirar mais um pouco do feijão desse recipiente use uma colher limpa para que não azede o feijão.

MACARRÃO

Para duas pessoas 150 ou 200 gramas de massa
1/2 colher de sopa de óleo
Sal a gosto
2 1/2 litros de água

Coloque a água para ferver em uma panela funda acrescida do óleo e sal.

Quando a água estiver fervendo coloque vagarosamente o macarrão, em etapas. Deixe cozinhar. A massa estará pronta quando estiver macia, mas sem desmanchar. Escorra.

Molho de tomate:

Existem inúmeras marcas de molho prontos e semiprontos. Mesmo para uma porção pequena de macarrão, convém utilizar a lata toda para que não seja necessário preparar outra vez o mesmo molho. Acondicionando-o corretamente na geladeira ou freezer, terá molho para mais de uma macarronada.

Modo de preparar os molhos semiprontos

3 dentes de alho
1/2 cebola picada
1 colher de sopa de óleo

2 copos americanos de água
Sal a gosto
Queijo tipo parmesão ralado
orégano

Coloque o óleo para aquecer. Acrescente o alho picado, a cebola e o sal para uma leve fritura. Despeje a polpa de tomate e complete com um copo de água. Mexa bem e em seguida acrescente mais um copo de água.
Experimente o tempero e tampe a panela para o molho curtir e engrossar. Fique de olho para que não seque e queime, vá acrescentando um pouco de água se o molho estiver muito ácido.
Se você quiser acrescentar carne moída, lingüiça ou bacon ao molho, deve dourá-los antes de juntar à polpa de tomate.

OVO FRITO

Um chefe de cozinha sabe avaliar um cozinheiro pela forma que este faz um ovo frito.
Para evitar que o ovo fique muito gorduroso, coloque um pouco de manteiga em uma frigideira antiaderente (teffal) para derreter. Quebre o ovo ao meio e despeje cuidadosamente no centro da frigideira. Deixe que ele endureça um pouco e verifique se as bordas estão soltas. Faça movimentos de vaivém para que o ovo deslize pela frigideira sem queimar. Coloque uma pitada de sal.
Para evitar que o ovo grude na panela que não seja antiaderente, você pode passar sal com o miolo de pão em todo o fundo da frigideira, para que cubra a porosidade. Evite usar a panela muito quente.

OVO MEXIDO

O ovo mexido pode ser servido puro, com bacon ou queijo no café da manhã, no almoço, jantar ou num lanche leve, acrescentando-se outros complementos: cebola, tomate, lingüiça, legumes, etc.

Para prepará-lo, derreta um pouco de manteiga numa frigideira. Geralmente coloca-se dois ovos por pessoa. Quebre-os num prato fundo e mexa com um garfo enquanto a manteiga derrete. Em seguida despeje os ovos e continue mexendo, agora com uma colher de pau, até atingir a consistência desejada. Pode-se colocar o sal antes ou depois de pronto.

Para que sejam acrescentados outros ingredientes (cebola, tomate, queijo, bacon, lingüiça, etc.), frite-os antes que sejam colocados os ovos.

LINGÜIÇA

Para fritar a lingüiça unte a frigideira com óleo. Lingüiça possui gordura própria que expele enquanto frita. Não necessita de temperos.

SALSICHA

A salsicha é um dos produtos mais rápidos de se preparar. Para ser cozida basta colocar a quantidade desejada em uma panela com água para aquecer. Antes mesmo que a água ferva, as salsichas já estarão prontas para serem consumidas.

As salsichas acompanham quase sempre purê de batatas, batatas fritas, mostarda, molho de tomate.

BIFE

Carne bovina (filé, coxão mole, contrafilé, etc).

A carne cortada fina, pode ser solicitada ao açougueiro. Tempere a gosto (sal, pimenta-do-reino, alho, salsinha), ou, se preferir, somente no sal.

Para fritá-lo, coloque um pouco de óleo, o suficiente para untar a frigideira evitando que o bife grude. Deixe a frigideira aquecer bem e em seguida passe o bife dos dois lados para reter o sumo. Frite-o conforme o seu gosto — bem passado, médio ou mal passado.

FRANGO FRITO

Compre preferencialmente as partes que mais lhe agradam. Lave-as e tempere-as com sal, pimenta-do-reino, salsinha, alho, ou utilize os produtos de temperar industrializados.

Para fritar tipo à passarinho, deve-se colocar uma grande quantidade de óleo (igual para batata frita), evitando que o frango faça muita fumaça. Coloque com cuidado os pedaços do frango no óleo bem quente. Retire-os depois de fritos e deixe-os secar em um prato ou travessa forrados com um papel absorvente.

Para que o frango renda mais e forme uma leve casquinha, antes de fritá-lo passe-o na farinha de trigo (coloque um pouco de farinha num prato fundo) dos dois lados e frite.

CAFÉ

O cafezinho gostoso e tão necessário de vez em quando requer alguma técnica em seu preparo. Nada complicado, mas, devido à grande variedade de pós — mais ou menos torrado, fica difícil saber de imediato qual o que mais agrada e qual o melhor jeito de prepará-lo.

Para o gosto pessoal, é mais simples acertar, contudo, quando se pretende oferecer aos outros é que se poderá sentir uma certa dificuldade, pois tem os que gostam fraco, os que adoram forte, uns preferem de "máquina" ou o expresso e outros que só tomam se for de coador de pano.

Embora no Brasil sejam produzidos os melhores cafés, os grãos bons são todos exportados. Observe sempre o prazo de validade, porque café velho perde o sabor.

Um dos modos de preparo

Coloque a água para ferver na quantidade de café que irá desejar. Meça por xícaras e coloque uma a mais. Para cada seis xícaras pequenas de café, acrescente ao coador uma colher de sopa cheia de pó.

Assim que a água ferver, despeje-a vagarosamente sobre o pó, em círculos. Se o filtro for de papel não convém mexer com a colher para evitar que se rasgue.

Para café mais forte, acrescente mais pó, para mais fraco, menos.

MANUTENÇÃO DA CASA

LIMPEZA DOS PISOS

Cerâmica

1. Varra com uma vassoura de pêlo ou piaçava (de acordo com o tipo de sujeira);
2. Se o chão estiver muito sujo, depois de varrer jogue um pouco de água e sabão, esfregando com a vassoura de piaçava;
   — puxe a espuma com o rodo;
   — jogue mais um pouco de água e torne a puxar;
   — passe um pano seco.
3. Se o piso estiver apenas empoeirado, encha um balde com água (podendo adicionar produto de limpeza). Depois que o piso estiver varrido, molhe o pano de chão sem enxarcar muito e passe no piso. Repita a operação trocando a água do balde se esta ficou muito "preta".

OBS.: Pano de chão deve ser empregado somente na limpeza do chão. Nunca o utilize para outras coisas.

Madeira

1. Para o piso de madeira varra com vassoura de pêlo;
2. Passe pano úmido, embebecido em produto específico para este tipo de piso, se a madeira não possuir brilho. Do contrário use apenas uma flanela de chão para retirar a poeira, ou pano úmido;
3. Limpe os rodapés.

Carpete

1. Se não possuir aspirador de pó, use a vassoura piaçava;

2. Para dar brilho, coloque na água um pouco de vinagre e, com uma escova umedecida nesse líquido, passe-a no sentido contrário à queda dos fios do carpete. Evite que este fique excessivamente molhado para que não exale cheiro de bolor.

3. Em vez de vinagre, podem ser utilizados os produtos específicos para tapetes e carpetes que deixam um perfume agradável.

LIMPEZA DE MÓVEIS

A poeira dos móveis é retirada após a limpeza do chão;

1. A flanela é o produto mais indicado para a retirada do pó porque não deixa fiapos;
2. Use lustra-móveis em materiais envernizados ou produtos específicos para cada tipo de material;
3. Os armários devem passar por faxinas sempre que possível para evitar as traças e outros insetos. Convém nessa faxina usar um pano úmido e outro seco. Ao terminar não se esqueça de aplicar inseticidas em locais estratégicos (nas faxinas o piso deve ser limpo duas vezes, antes e depois);
4. Guarda-roupa e sapateiras devem ter os mesmos cuidados indicados acima, sendo que os sapatos precisam de limpeza antes de serem guardados, uma vez que trazem muitas bactérias no solado;
5. Baratas não escolhem residências, principalmente se nelas foram esquecidos restos de comida ou alimentos destampados. As baratas normalmente atacam à noite, por isso deve-se dedetizar a casa mesmo que se pense que elas não estão presentes;
6. Prateleiras com livros acumulam muito pó. Os livros dão mais trabalho para serem limpos porque necessitam de limpeza individual e local arejado. Não podem ficar ao sol nem em locais úmidos.

LIMPEZA DAS PAREDES

1. Passar uma vassoura limpa no teto. Nele se alojam mosquitos, traças, teias de aranha. Fazer isto antes da limpeza do piso e móveis;
2. Marcas de mão e dedos nas paredes das escadas, próximas aos interruptores de luz e quinas, são tiradas com água e sabão, utilizando-se uma esponja ou escova limpas que não soltem tintas. Seque com pano branco limpo;
3. As paredes da cozinha, revestidas de azulejo, merecem atenção. Lavá-las sempre que possível ou passar pano embebecido em álcool nos lugares de pouca sujeira. Próximo ao fogão, use detergente ou produto mais forte para retirar o acúmulo de gordura. Fazer faxina na cozinha preferencialmente uma vez por semana;
4. Limpar todos os interruptores de luz com detergente. Por ser freqüente seu uso, neles acumulam-se diversas bactérias.

LIMPEZA DOS BANHEIROS

1. Os panos de limpeza e esponjas usados no banheiro deverão ser sempre os mesmos e utilizados somente para esta finalidade.
2. Lavar o piso e azulejos com água e sabão acrescidos de água sanitária;
3. Lavar box, pias e por último o vaso sanitário. Use desinfetantes perfumados, cloro ou água sanitária para eliminar possíveis micróbios;
4. Lavar as divisões dos azulejos com escovinha e água sanitária para retirar a sujeira acumulada que empretece os vãos;

5. Torneiras, maçanetas e dispositivo de descarga devem sem limpos com álcool ou água sanitária;

6. O banheiro que é usado para nossa higiene pessoal deve ser um local extremamente limpo.

GELADEIRA

Toda geladeira, mesmo as mais modernas, precisam ser descongeladas para uma limpeza interna. Restos de leite derramado ou uma laranja que apodrece dentro dela exalam um forte odor, impregnando os alimentos mais sensíveis. Um pano úmido poderá ser empregado se a geladeira não estiver muito suja.

LAVAGEM DAS LOUÇAS

Nem todos têm condições de possuir uma lava-louças automática. Todavia, nem mesmo as máquinas mais modernas tiram as crostas de sujeira e gordura acumuladas em alguns utensílios, principalmente as panelas.

Não inventaram, ainda, algo que areie as panelas tão bem quanto a força de um braço. Antigamente o brilho da panela era conseguido através das cinzas acumuladas nos fogões à lenha. Hoje, o sabão em pedra é o preferido para o areamento das panelas.

Cada pessoa tem seu jeito de lavar, mas basicamente, todos têm uma mesma seqüência:

1. Raspe a sujeira, restos de comida, depositando-a no lixo;

2. Verifique se o cano está com o ralinho para evitar entupimentos;

3. Inicie pelas louças mais delicadas e com menos sujeira, tais como copos, jarras, pratos, travessas, para evitar quebras;

4. Deixe os utensílios que tiveram contato com ovo

para serem lavados por último, assim, o cheiro do ovo não impregnará as louças restantes;

5. As panelas, por necessitarem de mais espaço para serem areadas, ficam por último. Procure usar o sabão em pedra no alumínio para conferir um maior brilho;

6. Leiteira, frigideira com óleo, panela de arroz, que, normalmente, dão mais trabalho — caso não sejam feitas de material antiaderente — para a retirada das crostas, precisam ficar de molho, ou então, para maior rapidez, coloque um pouco de água dentro da panela suja e coloque-a para aquecer e amolecer a crosta e soltar a gordura.

7. Limpe o fogão — grelhas, queimadores e tampas (se estiverem muito engorduradas, coloque-as de molho numa solução de água, e detergente para que a gordura solte);

8. Toda sobra de comida poderá ser reaproveitada se bem acondicionada em recipientes próprios e guardada na geladeira. Evite colocar a panela dentro da geladeira por preguiça de lavá-la. Além de ocupar espaços consome mais energia dos refrigeradores.

9. Limpe a pia e os azulejos próximos à geladeira e ao fogão;

10. Lave e torça o pano de pia para não ficar com mal cheiro;

11. Varra e passe um pano úmido no chão.

Obs.: Para não estragar a pia, facilitar o serviço e prevenir quebra das louças, convém colocar um pano sobre o espaço de apoio dos materiais que estão sendo lavados.

LAVAGEM DE ROUPAS

Lavar roupas faz parte da tarefa mais árdua de um dono-de-casa mesmo que possua uma máquina de lavar. Para que as roupas durem mais, são necessárias algumas providências, caso contrário, uma peça em local errado poderá manchar todas as outras.

1. Junte bastante roupa antes de ligar a máquina de lavar. Se não possuir uma máquina, não deixe a roupa acumular porque não terá força, nem paciência, para lavá-las todas de uma só vez;

2. Cuidado com o sabão a ser empregado. Leia atentamente as instruções descritas pelo fabricante;

3. Procure lavar na máquina somente as roupas mais pesadas e de maior resistência, tais como: toalhas de banho, lençóis, fronhas, roupas velhas;

4. Nunca misture roupas novas e coloridas com outras. A tinta poderá soltar-se e manchar as demais;

5. Deixe para lavar à mão as camisas e roupas mais delicadas. A máquina estraga o colarinho e, dependendo do tipo de tecido, poderá encher-se de fiapos e bolinhas, principalmente se o filtro não estiver limpo.

6. Antes de iniciar a lavagem, deixe as roupas por alguns minutos de molho. Dependendo do grau de sujeira, acrescente um pouco mais de sabão e esfregue os locais mais encardidos;

7. Enxágüe bem para retirar todo o sabão;

8. A água sanitária misturada na água deixa mais alvas as roupas "brancas" de algodão. Deve-se evitar o uso desse produto em tecidos sintéticos, por amarelarem. Roupas coloridas, desbotam imediatamente;

9. Ao estender as roupas no varal, tome cuidado com as roupas que mancham. Roupas escuras e coloridas devem ser secas à sombra, porque o sol desbota as cores;

10. As roupas não podem ficar muito tempo ao sol após estarem secas. Sol demais resseca o tecido, dificultando o trabalho de passar;

11. Siga sempre as recomendações dos fabricantes das roupas para que estas durem mais.

PASSAR ROUPAS

Essa tarefa exige técnica e treino. Quando bem passada a roupa não amarrota com facilidade.

1. Acumule a roupa e passe de uma única vez para economizar energia elétrica;
2. Se não possuir tábua de passar, forre uma mesa com cobertor velho ou feltro.
3. Tenha à mão um borrificador de água ou copo com água e um lenço branco;
4. Ligue o ferro para a temperatura desejada. Comece pelas roupas mais delicadas, visto que o ferro não se encontra demasiadamente quente;
5. Nas peças muito delicadas, coloque o lenço branco sobre ela, e passe, para evitar que se queimem;
6. Nas peças mais grossas e muito amassadas, borrife um pouco de água (se o ferro não for a vapor). Existem inúmeros produtos que facilitam o serviço;
7. Não amontoe as roupas já passadas, para evitar que se amarrotem;
8. Nunca esqueça de desligar o ferro sempre que precisar interromper o serviço.